Recueil

Ce qui nous sauve est rarement ce qu'on attend.

Une forme de chaos : Poèmes 2017–2026 vibre au cœur des rêves fantastiques du désir. Ces poèmes explorent les instants où l'obscurité heurte le doute, où l'ambition se mue en exil, où la reconnaissance devient à la fois nécessaire et toxique. Ils s'adressent à ceux qui s'agitent face à la banalité — à tous ceux qui ont aimé trop fort, échoué trop souvent ou brûlé trop intensément pour rentrer dans le moule.

Ce recueil est une étude de ce que signifie être en vie — chaotique, fragile, furieux, et libre.

Traverse les lignes du danger
et vois jusqu'où tu peux aller,
avant de devenir gentil et fade.

UNE FORME DE CHAOS

POÈMES: 2017-2026

JOSEPH ADAM LEE

RED FOX RUNS PRESS
909 3RD AVENUE
#127
NEW YORK, NEW YORK 10150

Une publication de The Rebel Within

Première édition : 2026

Note de l'éditeur

Ceci est une œuvre de fiction. Les noms, personnages, lieux et événements sont soit issus de l'imagination de l'auteur, soit utilisés de manière fictive. Toute ressemblance avec des personnes réelles, vivantes ou décédées, des entreprises, des événements ou des lieux existants serait purement fortuite.

L'éditeur n'exerce aucun contrôle sur les sites Web de l'auteur ou de tiers, et ne saurait être tenu responsable de leur contenu.

Remerciements
Couverture et mise en page : Eleni Rouketa
Traduction française : Sophie Troff

Contact
Email : joe@therebelwithin.com
Site web : www.josephadamlee.com
Instagram : @joseph.adam.lee

Données de catalogage de la Bibliothèque du Congrès
Lee, Joseph Adam. 1986–
Une forme de chaos : Poèmes 2017–2026 / Joseph Adam Lee

LCCN: 2026902511

ISBN : 978-1-971187-02-0 (broché)
ISBN : 978-1-971187-04-4 (relié)
ISBN : 978-1-971187-03-7 (livre numérique)
ISBN : 978-1-971187-05-1 (livre audio)

à *Nick Hurwitz*

Table des matières

Une forme de chaos

Réinventer, c'est admettre qu'on arrive après.

L'alibi de dentelle noire

Les femmes ne se donnent pas
La permission —
Sauf si on leur offre la délivrance.
Leur alibi, c'est le confort —
C'est ce qu'elles cherchent.
Une force brute
Qui leur rend leur privilège,
Sous le halo de l'intime.

C'est leur masque,
Un rideau de dentelle noire,
Juste assez de lumière
Pour entrer et sortir.

Les manières bien sages,
Propres et prévisibles,
Sont les tueuses du désir féminin.
Elles ne veulent pas ce qu'on attend d'elles ;
Elles cherchent ce qui peut
Les surprendre, les défaire, ou les faire gémir.

Elles s'appliquent à ne rien laisser paraître.
C'est le secret de leurs sens.
Il y a du désir dans leur esprit
Et de la logique dans leur cœur.
Elles se foutent de ce que tu penses —
Tant que tu ne les prends pas sur le fait.

Les femmes meurent à petit feu
Quand tout devient fade,
Attendant la coupure —
Une fine entaille prête à saigner.
Elles veulent du feu, bordel
Pas des frissons glacés.
Offre-leur la délivrance.
Laisse-les s'abandonner.
Regarde-les lâcher prise.

Et ferme ta grande gueule pendant qu'elles le font.

Le marchand de bonbons

Les hypothèses trahissent les idiots,
Leur incapacité à lire les règles.

À la place, ils les tordent à leur avantage —
Une marque de délire,
Une étincelle de peur moralisatrice,
Et même eux savent
Que cela sonne faux.

Ils inventent l'autorité
Pour combler les vides,
Ridicule et tatillonne,
Agressive dans le refus,
Aveugle aux idées, aux gens, à la qualité
Sauf si ça reflète leurs conditions.

La stupidité les rapetisse,
Et cela leur plaît ainsi.
Ils vivent selon une logique absurde —
Sans jambes, sans racines, sans prise.
Une parodie inventée
Pour passer le temps.

Et ils y croient,
Surtout quand on distribue la gloire.
Ils la ramassent
Comme du chocolat à Halloween,
Le visage barbouillé
De la boue du triomphe.

Les trouducs voient leur indifférence
Comme un sac en papier kraft,
Déformé par des déclarations creuses,
Déchiré par la trahison,
Marqué du sceau de leur propre folie.

Ils ne regardent jamais l'homme
Qui distribue les bonbons.
Pourquoi faire semblant ?
C'est lui
Qu'ils méprisent le plus.

Routes noires

Les rues étaient ouvertes.
La remise à bateaux close.
L'étang plus noir que l'huile.

Des taches de lumière me fixaient,
Attendant un mot,
Un geste.

J'ai filé devant elles.
Sans vraiment les voir.

L'hiver rend la ville bizarre :
Caprices du climat,
Neige demain,
Mais ce soir, douceur printanière.

J'étais seul avec le parc.
Seul avec beaucoup de choses cette saison-là.
Pas le temps de partir,
Et pourtant, déjà parti.

La route suivait mes pas.
La terre morte cherchait la lumière.
Je courais dessus,
Tranchant à travers l'endroit
Où le chariot à bretzels se tiendrait en avril.

On n'était qu'en février.

Le bouclier céleste ne comptait pas.
Les étoiles ne brillent pas à New York.

Les marcheurs.
Les cyclistes.
Ceux qui tenaient le coup
Brillaient sur les avenues.

Je ne brillais pas,
Mais je brillerai bientôt.
Alors j'ai continué sur le bitume
Jusqu'à être prêt
À parler aux lumières.

Une âme créative ne coûte rien.
Jusqu'à ce qu'il faille le prouver.

La conservation du temps perdu

Les gens adorent l'élégance des mesures,
Surtout quand il s'agit de compter le temps passé.

Même quand le temps devrait être préservé,
On le dépense à l'économie.
Une prière pour du sens —
Et on se brade.

« Ça m'a pris trois heures ! »
« Dix ans pour écrire mon livre ! »
« On est sortis ensemble six mois. »
« J'ai bossé ici trente ans. »

Mais quand c'est fini, c'est fini.
Le temps, le temps, encore le temps —
Plus rapide qu'il n'en a fallu pour y arriver.

Perdu, pour quoi ?
On ne le saura jamais.

Mais putain,
Ça a pris un looooonnnng mooooooment.

La révolte inspire la création,
mais l'artiste la livre en beauté.

On est prêts

Les gens ne tiennent pas.
Ils lâchent.
Plus vite qu'un poisson
Essayant de remonter le courant.

Malgré ses déclarations,
L'Américain abandonne vite —
Il noie sa dignité au nom de la détresse.

Autrefois, l'endurance était une fierté.
Aujourd'hui, c'est un spectacle,
Un public caustique, perdu dans sa perplexité.

« Il faut bien un équilibre, non ? »
« Comment oses-tu nous faire passer pour des minables ? »
« Tu ne nous inclus jamais, de toute façon ! »
« Donne-nous notre chance, notre tour, notre place. »

Ce qui vacille nous rend forts.
Même un muscle doit se déchirer pour grandir —
Et nous aussi.

Nous devons être déchirés, battus, humiliés.
La dérision est notre nourriture invisible.
Aucune autre source que la promesse
Ne peut nourrir la volonté.

Et pourtant, on se gave.
On crée l'image qu'on veut projeter :
Puissants, bien guidés.
Pas besoin de preuves.

Et quand tout nous file entre les doigts —
Quand le mariage est signé,
L'enfant né,
L'immeuble jamais construit
Mais que « le faire » continue —
On se tourne vers la foi, nouveau rite de passage,
Nouvelle preuve de vertu.

On dit que Dieu est notre juge moral.
Mais Dieu n'est pas notre famille, ni notre vice, ni notre vertu.
Dieu est le gouvernement.
Dieu est l'entreprise.
Dieu est la salope qu'on baise.
Dieu est le grand livre de nos fautes
Et la rédemption qu'on utilise pour oublier le remords.

Dieu est le fantasme du salut.

Dans cette croyance,
Ce bricolage céleste fait à notre image,
Être de l'esprit, même d'un esprit curieux,
Louer une figure abstraite
Est aussi logique
Que louer un crayon.

Mais quand on nous demande d'écrire notre péché,
On n'a rien à dire.
Comment ? Comment vivre sans cicatrices ?
Quelle beauté naît des entailles sur la peau ?

N'est-ce pas même Jésus qui l'a dit ?
Même l'intention d'un mythe se perd
Dans la ronde des disciples.

Et cela recommence, génération après génération.
Le troupeau beugle encore,
Tempête de répit,
Fuyant la chance même qu'on lui offre.

Quelle sainteté à vivre dans la peur de la vie elle-même —
L'occasion d'une vie,
Tout entière consacrée à se préparer à la fin.

Mais la fin n'est pas là.
La fin n'est pas proche.
La fin est une idée lointaine —
Un rêve insomniaque
Du zèle électrique
Qui coule dans les veines des vivants.

Pas une conspiration grosse comme Bigfoot.

Nous valons plus que cette priorité pour la sécurité.
Nous sommes dangereux.
Nous sommes audacieux.
Nous sommes impatients —
Non pas du Ciel, mais de la terre,
Du sol sous nos pieds,
Du courage de sortir dehors, putain
Et de sentir le soleil sur nous,
Comme la dernière pierre
Du plus grand lac que tu aies jamais vu.

Et on s'assoit, tortue au soleil,
Attendant qu'il nous chauffe, qu'il nous brûle,
Qu'il nous fasse nous souvenir :
La vie n'est pas un purgatoire.

Elle est faite pour gronder, hurler, nous griffer
De peur, d'espoir, de joie.

Alors... on est prêts ?
J'espère que non.
Aux chiottes la sécurité de merde.

L'illusion d'une bonne réputation
A causé notre perte.

Lunettes De Soleil Sous La Pluie

Les ouvriers s'étaient assis sur les marches,
Devant le stand de Jerry.

Des gouttes, diamants de la nature,
S'écrasaient en flaques
À leurs pieds.

Je passais par-là, portant des lunettes de soleil.
Inutile d'accrocher un regard
Si on peut l'éviter.

L'un d'eux —
Il mesurait bien un mètre quatre-vingt-dix-huit.
En voyant le côté gauche de sa chemise,
Je me suis mis à l'appeler Newport.

Ce n'était pas son nom,
Mais le rabat de sa poche restait ouvert,
Et un paquet de Newport
Appuyait le tissu contre sa poitrine.

Je me demande s'il a déjà pensé à mon nom.
Mon badge disait *Joseph Lee.*
Il n'a sans doute jamais regardé.
Je parie qu'il s'en foutait.

Foi de gueule de bois

Il y a une tristesse à boire dans les bars.
Elle vient de l'épuisement.
Elle vient du sentiment d'être ordinaire.
Elle vient parce qu'il n'y a plus rien d'autre à faire.

On déteste savoir tout ce qu'on pourrait donner,
Tout ce qu'on voudrait apporter.
Mais cette envie s'enlise
Sous le poids du fardeau.

Alors la misère reste.
Le goulot devient le fond.
On avale pour oublier.
On avale pour se souvenir.

Demain, la gueule de bois nous distraira —
Puis seulement le brouillard.
Un esprit clair regorge de pensées dangereuses —
Qui veut ruminer ses déceptions ?

Retour au bar — notre refuge,
Un répit face aux fausses vertus promises aux travailleurs.
Aucun Américain ne sait vraiment s'il a réussi.
Mais une petite part de nous y croit encore.

Et si je réussis,
Je ne remettrai jamais les pieds dans ce bar.

Chasse à l'héroïne

Le cerveau est une autoroute synaptique,
Construite pour résoudre les problèmes,
Ses circuits s'embrasent plus vite
Que la première dose d'héroïne.

Nous enregistrons.
Nous ruminons.
Nous voyons au-delà de la solution.
Nous hésitons.
Nous récitons avec interrogation.

« Je n'ai pas compris. »
« Je n'ai pas compris. »
« Je n'ai pas compris. »

Comprendre quoi ?
C'est déjà réglé.

Il n'y a rien à comprendre,
Seulement ce que tu refuses d'affronter :
Tes failles,
Tes tâches,
Ton ego.

Tu le sais.
Tu gardes tes distances
Avec le cortex central du possible,
Avec l'être
Que tu veux vraiment être.

La peur n'est pas dans l'obstacle.
Elle vit dans le soi.
C'est la haie
Sur laquelle tu trébuches exprès,
En secret,
Asservi à la personne
Que tu continues d'être,
La personne que tu refuses,
Et que tu ne seras jamais.

Nous sommes toujours
Nez à nez avec notre propre insignifiance.
À gratter la surface
D'une réputation inventée
Qu'on prétend avoir percée à jour,
Même si on la déteste.

Toujours obsédé par l'idée de comprendre ?
Tu n'as pas besoin de comprendre, putain.

Fais simplement le travail.
Fais-le avec vengeance.
Fais-le avec folie.
Fais-le parce que sinon,
Tu chasseras l'hypocrisie.

SOIS LE VRAI TRUC.
Sois-le.
Parce que ce sont eux
Qui cessent de ruminer
La fabrication du comprendre à tout prix.

La séquence du rien.
Rien de fait.
Rien d'avancé.
Rien que le néant de la possibilité.

Rétropédalage sur le potentiel,
Rester stone,
Au lieu d'arracher l'aiguille.

Et ça devient l'obsession,
L'enquête de *Blue's Clues.*
À ronger la réponse,
À fixer la question du regard.

Comme une drogue qu'on n'arrive pas à lâcher,
Laissée de côté un temps,
Qui revient quand le shoot retombe,
La seringue de la raison qui perfore encore.

Au diable — pique-toi.
Vas-y, comprends

Il y a une ligne fine entre
« Trop vieux » et « trop jeune ».
Marche sur la ligne chaque fois que ça t'arrange.

Cocktails d'asphalte

NYC n'est pas pour les stables.
Sale et brutale.
Tumultueuse, irrationnelle.
Arnaqueurs et traditionalistes
Tournoyant ensemble
Sur le bord d'un verre à cocktail.

La marée change chaque seconde.
Les plus hauts sommets.
Les plus bas abîmes.
Une conscience ivre,
Avalée avec obsession.

J'ai été mort.
J'ai été vivant.
J'ai tenu debout sur les toits
Avant de m'écraser,
Face contre le gravier.

Les rues bourdonnent
Pendant que le diable instille le doute.
Et pourtant, il reste la résistance —
La foi que ça peut,
Que ça va,
Que ça doit marcher.

Pour toujours la ville des êtres seuls.
Brillants comme des lanternes,
Nous rayonnons.

Plus tu restes,
Plus tu brûles.

Quelque chose de beau

Je ne sais pas si j'y arriverai un jour.
Qui sait si ce qu'on crée
Attirera jamais le regard d'un public.

C'est là que la pensée,
Le doute,
Le repli
Surgissent.

On veut laisser une trace,
On force trop pour exister.
Est-ce que ça compte vraiment ?
Quelqu'un repensera-t-il
À ce que tu as créé
Dans cent ans ?

Beaucoup essaient.
On essaie tous de créer.
On veut couper le souffle à quelqu'un.
Si seulement on pouvait inciter tout le monde
À s'arrêter un instant pour penser.

Peut-être qu'on influencerait d'autres vies
d'une manière qu'on n'aurait jamais imaginée.
Peut-être qu'on apporterait quelque chose
qui nous changerait nous-mêmes.

Reste avide et agité,
amusé et surpris.
Tu pourrais trouver
ta part d'invincibilité.

Prendre feu n'arrive qu'à ceux
qui acceptent de s'embraser.
Et les flammes ne sont-elles pas belles ?

Elles sont si belles —
jusqu'à ce qu'elles se consument en néant.
De cendres grises, amoncelées
comme des lauriers passés.

Quelque chose de beau attend.
Seras-tu celui
qui le créera ?

Un peu d'obscénité ne fait jamais de mal.

Cailloux

Ta vie n'est pas ma vie.
Et il viendra des moments
Où je comparerai la valeur de la mienne
À la tienne.

Tu feras pareil
Avec quelqu'un d'autre.

Pour cela, je te présente mes excuses.
Ni toi ni moi
Ne cherchons à créer de hiérarchie,
Mais elle naît quand même.

Comparer est une habitude.
L'envie — un sous-produit stérile.

Ce dont nous avons besoin,
C'est de trouver la valeur.

Pardon.

Ta vie est ta vie.
Et comme la mienne,
Elle compte.

Quand tu as le vent en poupe,
Laisse-le te déchirer les tripes.

Marche aveugle

Si seulement ses yeux
Avaient vu
Combien elle comptait,
Nous aurions couru sans fin.

Le manifeste des mythos

Les gens qui s'ennuient
Fabriquent du mal
À partir de ce qui pourrait autrement être
Inoffensif, ludique, innocent.

Ils attisent le feu,
Inspirent la malveillance,
Les reins noircis
Par des proclamations sociales expéditives.

Ils fouillent
Là où on ne demandait rien,
N'exigeait rien,
Ne voulait rien.

« J'ai vu. »
« J'ai entendu. »
« Je sais. »
Bavardages las —
Divagations déguisées en contribution.
Preuve qu'ils comprennent
Ce qui n'a jamais eu besoin de dissection.

Tout ça pour la réponse toute prête
À « qu'as-tu fait ce week-end »,
Chuchotée autour
De la fontaine à eau du bureau.

Les pensées
N'ont pas à se plier
À l'usage du moment.
On peut les garder
Pour soi.

Le processus est lent,
Mais le gain est immense.
Sois de ceux
Qui prennent leur temps.

La vitesse engendre
Des absurdités dans leur esprit.
Des bombes de vertige —
Un passe-temps pour les
Nuls,
Les minables,
Et les abrutis.

Les assertions sonnent faux.
Les déclarations tombent à plat.
Le regret siffle entre leurs dents.

« Je suis fier de mon opinion, »
Alors qu'ils viennent
De l'inventer.

Une diatribe arbitraire.
L'obéissance à l'existence.

Ils se pavanent avec des qualités empruntées —
Les incompétents incestueux.
Trait après trait,
Ils se valident entre eux,
Tour après tour après tour.

Pour certains, leurs voix enjôlent.
Pour d'autres, ils couinent comme des porcs.
Des deux côtés, du bruit.

Indignation sélective.
Implication sélective.
Participation cochée.
Était-ce vraiment une participation ?
Ils adorent le conflit
Enrobé de pertinence,
Profondeur émoussée
Par la fabrication rapide.

Toute cette performance censurée.
Et s'ils dérapaient ?
Ils diraient peut-être quelque chose de vrai.
Alors, ils sont piégés.

« Je n'ai pas de mots. »
Ce sont des mots.
Mais pas la vérité.
Trouve quelque chose,
N'importe quoi, putain,
Plutôt que de tourner autour des ragots
Comme des vautours sur une
Cause politique,
Sociale,
Ou économique.

Tu ne fais pas avancer les choses
Tant que tu ne mouilles pas ta chemise
Dans un palais de justice,
Un conseil municipal,
Ou les bureaux d'une association.

Une manif ne compte pas.
Une conversation à dîner ne compte pas.
De l'angoisse au brunch ne compte pas.

Rien n'est aussi intellectuel qu'ils le prétendent.
La plupart des choses sont des conneries.
Seul l'art nous adoucit.

Ton problème,
C'est que tu penses trop,
Tu remues sans cesse
Tes tresses de neurones.
Ignore le vacarme.

Tu dois le mériter.
Ignore la flagornerie.
Elle te vole la vie,
Brûle ton temps.
À ronger la plaie béante de la folie.

La plupart vivent dans un complexe de pitié,
Survivent au gré des autres,
Piégés entre deux eaux..

Pourquoi se soucier de ces idiots ?
Ils n'ont jamais voulu la vérité.
Trop de pression
Pour être autre chose
Qu'ordinaire.

Alors laisse tomber.
Ton moment de création, c'est maintenant,
Avant que la merde ne draine ton énergie,
Avant que la banalité ne nous torture tous.

Ces doux ruisseaux que nous convoitons

La paix partielle de la vie
Est toujours en quête d'un doux ruisseau,
Nous rivalisons pour trouver quelque chose
De moins encombré, moins caustique, moins forcé.

Mais tant de choses nous sont imposées.
Nous forçons ce que nous pouvons comme vérité :
L'ami qui n'en est pas toujours un,
Le repas du dimanche qu'on jure essentiel,
L'amant médiocre au lit,
Mais préférable à la solitude.

Voilà les contraintes que nous déclarons nécessaires.
Sans quoi nous deviendrions fous.
Et quand la trahison gronde
Comme le dragon crachant sa fumée dans notre poitrine,
Nous exhalons plus souvent de la brume que des flammes.

Qu'est-ce qui nous retient ?
Qu'est-ce qui nous pousse à la prudence ?
Qu'est-ce qui a tué l'élan de notre âme ?

La vie cabossée —
Celle qu'on finit tous par connaître.
Non prévue,
Mais livrée à point nommé,
Récompense d'avoir fait
Ce qu'on croyait juste.

Comme c'est drôle quand les conventions ont tort.
La paperasse n'aurait jamais dû nous duper.
Mais elle l'a fait,
Comme toujours.

« Comment aurions-nous pu savoir ? »

Comme si c'était un piège.
Comme si on n'avait rien vu.
Les malheurs de notre vie,
Nets comme une vision 20/20.
On brouille la vue,

On force la chance,
Espérant battre la maison.
Cette maison de cartes, c'est la vie.
Il suffit d'une carte manquante
Pour nous arracher les entrailles —
Éclaboussures sur la table,
Sang qui sèche avant de couler.

Et nous restons là, hagards,
Comme les idiots qu'on raillait,
L'imbécile à qui on lançait :
« Tu aurais dû savoir. »

Mais quand vient notre tour —
On joue les marionnettes-chaussettes,
Sans appui,
Une main secouant nos cous,
Cassés comme brindilles dans un cimetière.

Et l'on craque,
Sans retenue.

J'en ris maintenant.
J'ai cru que ça ne m'arriverait pas.
« Impossible.
Je ne fais pas d'erreurs. »

Mais quels que soient nos plans,
La branche cède,
Plie sous les chauves-souris du destin.
Même le dragon ne survit pas à l'essaim.

Voilà pourquoi
Quand un doux courant se présente,
Ne tente pas la nage.

Tu te noieras,
À te convaincre jusqu'au bout,
D'avoir prévu les remous.

Sauce cerise et moucherons

Tu peux oublier l'amour.

Comme un moucheron enfoui,
Il parcourt tes entrailles.
Tu as beau résister,
Les moucherons s'en fichent.

Le cœur ne sait pas
Se protéger d'un contact.

L'amour saigne —
Un seau de sauce cerise
Qui déborde.
Elle est un désir
Trop fort pour ne pas y goûter.

Quelle belle erreur.

La faiblesse naît de l'amour.
Les larmes brûlent les joues.
Les failles se dévoilent,
Les fibres de la vulnérabilité vibrent.

Croire que l'amour ne te détruira pas —
Mais qu'y a-t-il de mal à être détruit ?

Et puis il y a la peur.
La peur qui s'accroche.
Le pari qui vaut la peine.
Le plus grand des risques.

Alors mise.
Il est imprudent de vivre
Dans la certitude.

Un plan bâti sur des manigances finit en néant.
La vraie quête ne complote pas —
Elle avance, simplement.

Sauf Mick Jagger

La jeunesse attire la pertinence.
Esprits neufs,
Facteurs cool
Étalés en vitrine.

La peur de vieillir ne parle pas de santé —
C'est plus viscéral que cela.

La fuite de la jeunesse
Va bien au-delà de l'arthrite.
C'est savoir
Que le passé ne se rejoue pas.

Et pourtant, tu t'y accroches.
Tu parles de ton ancien ceci ou cela —
Des renaissances promises.

Mais la sagesse surpasse la pertinence.
La pertinence s'évapore.
On finit tous par rancir un jour.

Sauf Mick Jagger
Et quelques autres.

Alors ne t'inquiète pas.
Ne rumine pas.
Ne laisse pas l'insignifiance
Jouer les importantes.

Nation contre elle-même

Un pays —
Une nation où le soutien, le soin,
Et le sentiment d'unité
Ont été mis de côté.

Exercée à s'emparer des succès d'autrui
Pour détourner le regard
De ceux qui défendent une cause.

C'est une nation triste,
Brisée par le doute,
En quête d'identité,
Honteuse de ses racines,
Aigrie par la dissonance,
Envieuse — toujours envieuse.

Rongée par l'insécurité,
Impuissante sans force,
Et effrayée par l'avenir.

Notre nation,
Contre elle-même.

Allumette dans le noir

Le premier baiser
Est celui qui ne s'attarde pas.
Bref.
Vif.
Craqué —
Comme une allumette dans le noir.

Pas le temps de l'alourdir
De souvenirs
Ni de promesses.
Juste la chaleur de l'instant,
Qui brûle avant que la ville n'avale tout.

Mais on ose quand même —
Assez fous pour avancer
Dans les cendres du présent,
Là où tout ce qu'on désire nous consume.

21 h 48, mercredi.
On traverse le pont.
Brooklyn brille dans la vitre.
La pluie tombe.
Les taxis sifflent.
Tendre est la nuit.

Ses cheveux trempés de printemps.
Ses lèvres trempées de printemps.
Ses yeux trempés de printemps.

Elle ne retient rien,
Offre tout.

Il y en aura une autre —
Il y en a toujours une autre.

Couchers de soleil à gantry state

Mon esprit s'apaise
Quand le jour perd sa course,
Quand les fissures de la skyline de New York
Irradient sur la rivière tremblante.
Je frémis quand la lueur orangée
Éclaire les passerelles du parc Gantry State.

Des mains s'accrochent aux laisses des chiens,
D'autres se replient l'une dans l'autre.
Des étoiles solitaires pianotent sur leurs écrans,
Impatientes,
Hésitantes,

Je l'appelle ?

Je pense alors à elle.
Elle ne me manque plus autant qu'avant.
Nos heures au parc se sont effacées depuis longtemps,
Mais les lampadaires du quai s'inclinent,
Et ravivent un passé étrange.

Le ponton regarde au loin,
Vers ce qui fut jadis notre ville.
Et soudain ça me frappe.
Ça me donne envie de nous, à nouveau.
Pas pour toujours —
Juste assez pour me souvenir comme c'était beau.

Oui, me souvenir.

Je ne me l'étais jamais permis — jusqu'à maintenant.

Éclater

Le cœur a ralenti.
Les citoyens marchent.
Un pays où courir n'existe plus.

Les limites semblent infranchissables,
Plus lourdes que la fièvre de dépasser les chances.
Les chiffres ne mentent pas.
Mais mentent-ils ?
Ça dépend.

La foule avance,
Une union libérée
Par les insécurités de la solitude.
Les voyages n'existent pas sans colonne vertébrale —
Juste le besoin d'un ami.

Mais comment atteindre
Son vrai potentiel
Sans être seul,
Sans avoir la chance
De le trouver,
De le faire exister ?

Il n'y a qu'une chance.
Et autant que quiconque — ou moi — puisse le faire,
Le battement reste stable.
La vie continue,
Sûre comme le pain
Qui monte du toaster chaque matin.

Je te défie.
Je me défie.
Oublie le pain grillé.
Trouve-le.
Quelque chose, n'importe quoi.
Poursuis-le.

Pas pour la gloire.
Mais parce qu'on en a besoin,
Pour savoir qu'on l'a trouvé.
C'était cela, autrefois, l'Amérique.

Je regarde mes pairs
Et je ne me vois pas.
Seul.
Différent.
Mal à l'aise avec l'acceptation.

Et quand je sens mon cœur,
Il bat plus fort,
Il me fait mal à la poitrine,
Près d'exploser.
C'est fou
Comme je me sens proche de la fin
Quand j'y pense.

Et malgré tout ce que je ressens,
Même dans cette impasse,
Je me souviens que c'est mon cœur.
Et je le défie,
Je le défie d'éclater.

Elle préférait les virages

Elle était têtue, acharnée.
C'est ce que j'aimais chez elle.
Elle était la vie.
Elle me faisait me sentir vivant.

Je ne l'ai pas vue depuis des années.
J'aurais voulu la connaître maintenant.

La vie débute en route sinueuse d'incertitude.
Il y a une chance,
Mais elle se cache derrière les obstacles et les virages secs
Que la jeunesse jette sur ton chemin.

Il y a l'espoir de la découverte.
Naviguer devient une addiction,
Une drogue.

Mais trop vite,
La route devient prévisible.
La sagesse a cette drôle de façon
De rendre les choses ordinaires.

Je croyais vouloir le confort, avec le temps.
C'est là qu'elle et moi avons divergé.

Elle préférait les virages.
La peur étrange de l'instabilité ne la dérangeait pas.

Je me souviens avoir été terrifié
L'été où on s'est rencontrés.
Même quand elle glissait vers la routine,
Je savais que ce serait temporaire.
L'été nous ramenait toujours aux débuts.

Ces quatre mois,
Fous, imprévisibles.

Nos étés ensemble me manquent.
Je m'en remettrai.
Un éclair de nostalgie.
Ma tête sait ce qu'il faut.

Putain.
Je déteste penser comme ça.
Ma tête ?
Le but de la vie ne devrait pas être pragmatique.

On devrait courir comme des dingues,
Hurler depuis les toits.
Je veux scruter le visage d'un être
Et dévorer ses inhibitions.

Que nos cœurs battent si fort
Que la seule façon de survivre soit de rire.
Et rire, on le fera.
Comment soulager la pression autrement ?

Elle riait toujours.

Je me demande si elle rit encore.
J'espère qu'elle ne l'a pas perdu.
J'espère avoir le courage
De retrouver la vie.

N'aies pas peur de ta propre expertise.
Laisse ça à la concurrence.

Jamais immobile

Il y a de la ferveur, ce soir.
Le vent et moi croyons à la course.
Je cours avec le courant qui s'élève
Et me retrouve
Pris dans sa force sauvage.

Grand.
Osé.
Brave.

J'ose m'échapper
Alors que l'air s'étiole —
Disparu, mais jamais immobile.

Les lumières de ma ville

Les rues luisaient
Glacées des bâtons au chocolat.

Des rêves lumineux dans les vitrines,
Les devantures
Les ongleries,
Les arrêts de bus.

Des clients esseulés
Derrière les vitres embuées.
La nuit enfume
Sans désir.

La ville dort
D'un sommeil d'hiver.
Plus calme
En cette saison.

Tout n'était que bruit autrefois.
Tout était nouveauté.

Maintenant, c'est la routine.
Voilà mon resto chinois.
Je devrais faire ma lessive.

Les lumières ne m'exaltent plus;
Elles ne me guident plus.
Les lumières de ma ville
Me rappellent seulement qu'il y a de la vie —
Et que j'en fais partie.

Les mois filent plus vite,
Glissent sans qu'on les voie,
Coulent dans les câbles —
Une banalité électrifiée.

Et je le comprends maintenant :
De petits moments
Deviennent de petites pensées,
Deviennent de petits changements.

Et ces petits changements,
C'est tout ce qu'on a.

Annule-moi.
Pour que je puisse mourir en paix.

Serrés comme du bétail

Au moins cent tassés dedans.
9h18.
Le métro bondé,
L'air épais de sueur et de sommeil.

Des écouteurs pendouillent.
Des visages morts sursautent
À leur arrêt du bureau.

Un homme lit la Bible.
Un autre, un roman de gare.
Personne ne sourit.
Un blues matinal étouffe la rame.

Tout le monde pense,
Sûrement à la même chose :
Combien de temps avant la fin de la journée ?

Moi ?
Je préférerais être chez moi.

Le silence est brutal.
Allons-nous arriver ?
Quel est notre terminus, à tous ?

Aujourd'hui n'est qu'un petit pas.
Là où nous allons
Est bien trop loin.

Résoudre les solutions

J'oublie,
Ou du moins j'essaie.
Les raisons qui s'accumulent.
Les flashbacks, ces coups du lapin
Gâtés par des scènes amères.

Qu'y a-t-il de si terrible
Dans l'imprévisible ?

La praticité,
C'est du tennis contre un mur.
Personne ne veut vraiment jouer seul,
Même si le service est pourri.

Comme il est facile
De compliquer les problèmes.
Infectieux,
Ils étouffent.
Ils te tuent, si tu les laisses faire.

Et je l'ai fait.

Je meurs quand je pense
Aux moments que je ne peux recréer.
Ils ne reviendront jamais —
Ou peut-être ?
Il suffirait de passer un appel.
Je ne —
J'ignore si j'en suis capable.
Une solution inutile à résoudre,
Mais j'y pense quand même en boucle.

Elle et moi avons toujours été
Plus compliqués que les réponses.
Notre mystère était plus séduisant.
Parfois, les gens se décrivent mieux
Par des questions.

Une solution
Serait trop facile à trouver.

Et moi, j'aime les défauts.
C'était peut-être censé être ainsi,
Imparfait.

Peut-être que résoudre les solutions
N'a jamais été aussi difficile
Que ce qu'on en a fait.

Toute douceur brûle

La plupart des individus souhaitent
Qu'une chose effrayante
Leur arrive.

Mais quand cela arrive —
Ils fuient.

On dit de moi
Que je me jette dans le feu.
Je ne sais pas pourquoi.
Peut-être que certains d'entre nous
Aiment la brûlure.

On se sent vivant un instant,
Jusqu'à ce que les braises d'hier
Refroidissent en ordinaire.

Quelle fadeur, de vivre en sécurité —
sans tache, sans chaleur, sans vie.
Même le désir d'amour
Peut être une sentence de mort.
Le chagrin est un cadeau.
Nous fuyons
Juste au moment
Où il devrait nous briser.

La peur du tourment
Est une petite mort en soi —
Une circonstance insignifiante
À laquelle on prête du sens.
C'est la même réticence
Qui nous éloigne de la flamme.

Lâche prise.
Nous sommes tous égaux.
Car si tu ne le fais pas,
Tu ne connaîtras jamais
La douceur
De la brûlure de la vie.

Les distractions remplacent la créativité.
Les distractions tuent la profondeur.

La jeunesse est un sérum mortel.
Les drogues ne font que le révéler.
La survie est le seul antidote.

L'élastique

Je pense trop loin devant,
Et quand je reviens,
Je suis en colère.

Mon esprit est un élastique —
Tendu par la curiosité,
D'autres fois par l'attente.

Une tension après
Avoir vu un film,
Bouclé une échéance,
Fait un voyage,
Aperçu les jambes d'une femme dans le métro —
Tout ce qui étire un peu plus les fibres.

Parfois je me réveille avec des migraines,
L'élastique trop tendu,
Raide, prêt à craquer.

Mais on peut toujours l'étirer davantage,
Voilà le crime contre moi-même —
Croire qu'il n'a pas de limites.

Pourtant il en a.
Quand il sèche,
Devenu cassant,
Il se rompt.

Mais je suis allé trop loin
Pour en avoir des regrets.

Et puis, les élastiques, ça court les rues.

Cul sec

L'art n'est plus
Une quête d'émotions —
Il se fabrique
Pour coller aux chiffres.

Fait à bas coût.
Fait sans effort.
Un marketing bien gras.
Et hop, cul sec.

On nous conditionne
Pour appeler cela organique,
Pour jurer que c'est authentique —
Un amalgame de tendances.

Engouements, modes,
Visage à louer —
Des artistes qui ne
Créent même plus leur art.

L'arnaque applaudit l'arnaque.

*Inévitablement, chacun passe son avenir
à tenter de recréer le passé.*

Les belles personnes les jours de pluie

Les gouttes me suivent à pas feutrés.
De petites larmes glissent dans les caniveaux,
Piscines éphémères pour rats.

Bottes —
Vertes,
Jaunes,
À pois.

Un dos voûté s'abrite
Sous un bouclier de polyester.
Voilà Al.
Son ventre dépasse
De l'élastique de son jogging.
Son tee-shirt rend les armes.
Il fume, tire une dernière latte,
La projette dans mon champ de vision.

Je regarde la braise mourir,
Et l'achève d'un pas.
Des mégots aplatis m'entourent.
Sherry les balaiera dimanche,
Jour des poubelles.

La clôture grillagée
Devant l'appartement 47
Me cligne de l'œil.
Je caresse les arêtes,
Froides, mouillées.
Étrangement réconfortantes.

Jusqu'à ce que ça passe.
Je regarde au bout de la 34e Rue.
Des carapaces de tortues rebondissent —
Noires et bleues,
Sphériques.

La pluie n'est même pas forte.
Les parapluies sont des accessoires,
Comme les montres, les sacs, les bagues.
La rue me le rappelle —
L'insuffisance est une question de survie.

Je repense à Al.
Peut-être qu'il a compris.
Laisser pendre le ventre.
Pas besoin de couverture.
Simplement bien,
À tuer le temps,
Regarder les gouttes,
Regarder la fumée,
Regarder sa vie ordinaire
Dériver au fil de l'eau.

La stature des statues

Tous ceux que tu rencontres,
Jusqu'à ce que tu les surpasses
En tout ce qu'ils croyaient
Te voir stagner.

Quand l'ami devient ennemi,
Quand les plaisanteries cachent des sous-entendus,
Quand la courtoisie lisse
Découvre ses dents tranchantes.

C'est toujours comme ça.

Ils vantent le potentiel,
Mais la preuve leur échappe.

Les créatifs,
Les faiseurs,
Ceux qu'on admire de loin.
Avant de devenir comme eux.

Alors on devient paria —
Pour avoir eu raison,
Pour avoir osé,
Pour avoir été beau.

Tandis que les laids et les ordinaires
Se rassemblent pour nous tirer vers le bas
Alors que nous nous élevons.

La stature seule —
Symbole de résilience.
Mais même les statues sont renversées
Quand assez de voix disent y voir un méchant.

Ce secret que nous portons tous.
Mais à quoi sert le mal
Si nous le gardons en nous ?

Comment dissimuler le héros ?
N'est-il pas lui aussi
Habité par le diable ?

Nous portons la peur sur nos visages,
À vouloir bien faire,
Même si l'obéissance nous tue.
Et elle nous tuera.
Elle l'a toujours fait.

Mais nous acquiesçons,
Jusqu'au dernier serment d'allégeance,
Dans le désert de nos misères.

Puis nous pleurons.

Car si nous pouvions être le méchant,
au moins serions-nous
un parmi les statues.

Être vue, pas résolue

Les femmes se plaignent
Parce qu'elles veulent être reconnues.

Leur lutte et combat quotidiens,
Une routine née du casse-tête matinal,
Une demande inversée de considération.

Elles attendent l'appel :
« Tu en fais teeeeellement. »
« Cette paaaauvre fille. »

Nous, les hommes idiots,
proposons une solution.
Elle dit :
« Tu ne comprends pas. »

Elle ne veut pas la solution.
Elle veut qu'on loue ses difficultés —
Même si elle les aggrave.
Même combat demain.
Même après-demain.

Elle veut juste le mérite,
Pas la réparation.
Parce que la réparation sonne comme :
« Tu devrais le savoir, andouille. »

Au fond, elle a peur,
Une petite trouillarde,
À l'idée de faire autre chose.
Elle se love dans le problème du jour,
Comme une chenille dans son cocon.

D'où cette quête
De casse-têtes quotidiens
Qui définissent sa lutte :

« Ouf, j'ai un truc à gérer —
Personne ne pourra dire que je ne contribue pas. »

Mais même elle sait
Que ce qui l'occupe
Ne pèse pas lourd.
Mais c'est à elle,
Elle le défend comme si c'était tout.

Admettre le contraire
Serait admettre qu'elle est
Bête,
Faible,
Inutile.

Les femmes ne sont pas inutiles.
Souvent plus dures que les hommes.
Beaucoup d'hommes, pour être précis.
Mais elles adorent ruminer les problèmes.

Comme si l'inquiétude la rendait sage.
Mais il n'y a rien de malin à tourner en rond.
Juste mâcher du vent,
S'énerver pour le plaisir.
Ce n'est pas de la profondeur.
C'est de la folie.

C'est la différence entre les sexes.

Les femmes veulent des conflits
Faciles à résoudre.
Les hommes veulent des conflits
Qui créent du grand art.

Les femmes ne voient pas comme les hommes.
Quand on leur demande si elles le pourraient,
Elles reculent bravement :
« Oui, je pourrais...
Mais seulement si ceci et cela étaient en place pour moi.
Ou si j'avais ceci ou cela...
Mais je ne l'ai pas.
Ce n'est pas ma faute. »

Le sot, elles ne le comprendront pas.
J'ai tout expliqué maintenant.
Alors traite-la comme ça.
Et baise, bon sang.
Merde, le sexe règle les problèmes.

Tu ne piges toujours pas ?!
Elle te mettra à l'épreuve :
« Tu as de chance de ne pas avoir à gérer ça. »
C'est sa bravoure à elle.

Elle veut que tu avoues
Que ce qu'elle fait est plus dur,
Que ça a plus de valeur.
Voir sa souffrance,
C'est souffrir avec elle.

Elle veut un moment de lutte mutuelle.
Être vue, pas résolue.

Alors rejoins sa plainte.
Offre la reconnaissance,
Garde la solution.
Ça n'a pas besoin d'avoir de sens.
Ça n'en a jamais eu.

C'est le conflit auquel elle s'accroche.
C'est la lutte dont elle se nourrit.

Même en faisant tout bien,
t'as droit à que dalle.

Pourtant, le cœur a sa chance

Pris dans la folie de la perte.
Ma tête se vide,
Et cela devient la seule forme de raison.

Le manque profond,
La façon inattendue de rester là —
Sombre, plus sombre qu'un ciel violet.
Et pourtant, rien ne vient.

Comme l'esprit s'embrouille
Quand les émotions dominent.
Étrange et aberrant,
Le cœur barricadé baisse les bras.

Ce n'est que quand la peur du possible frappe
Qu'on s'arrête pour aimer.
La rareté d'une telle chose est effrayante,
Mais penser qu'elle n'existe jamais est pire.
Tu le sens quand tu n'es pas prêt —
L'imperfection et la grâce, mêlées,
Tandis qu'une voiture file à côté.

Ébloui par un phare,
Le cœur se souvient qu'il doit tenter sa chance.

L'amour, on y croit aveuglément.
Quand tout s'emboîte,
Se connecte avec fluidité,
Sourires parfaits figés pour l'image.
Le temps s'arrête.

Mais l'esprit calcule —
Complexe, obstructif.
Une bille de doute rebondit sans arrêt.
À grande vitesse, elle prend le dessus.
L'amour ne t'emporte plus.

Pourtant, le cœur a sa chance.

Rien n'est plus misérable que d'hésiter.
Les moments du passé reviennent,
Les anciennes limites explosent d'un coup.

L'erreur de l'an dernier devient celle d'hier soir.

Sous la pression grandissante,
Le seul choix est d'être seul.

Seul, quand on pourrait être ensemble.
Le pire.
Stupide et tortueux,
Tout cela à cause de l'amour.

Mais les fins ne sont pas faites pour nous.
On a maintenant,
Et ce qui viendra.

Quand nos chemins croisés
Se fondent en souvenirs éternels,
Quand je me laisse saisir
Par ta façon d'être ce soir
Et chaque soir qui suivra.

Alors j'attends.
Je l'attends.
Elle est mon unique.
Parce que je sais —
Mon cœur a sa chance.

Chaque génération cherche sa raison d'être,
mais le sens se distord en préjugé.

L'ignorance voile leurs regards,
et la grandeur passée sombre dans le silence.

L'épouvantail porte la couronne

Toute histoire est une romance,
Une bobine filée d'individualité,
Un pull porté en toute saison.

Si la communauté règne si fort,
Pourquoi assassinait-on les rois ?
Commercialisation, marchandisation —
La pureté d'un souffle
Recâblée en profit.

Reste-t-il des coins authentiques ?
Des lieux où le cœur déjoue le fric,
Où les vrais artistes s'isolent,
Vivants et mal en point,
Toujours en lutte.
Ou bien le dernier grand artiste a-t-il disparu ?

Peut-être couronne-t-on l'opportuniste à la place :
Un épouvantail bourré de paille,
Fourré de slogans,
Fabriqué pour attirer l'attention,
Posé pour les corbeaux,
Encore en train d'aspirer.

Peut-être que tout vient du rythme de la culture :
Tout le monde chasse l'instant,
L'obéissance vendue comme nécessité.

Je n'en sais rien.
Je bosse sur mon art.
NYC me garde affûté et déprimé,
Un mélange parfait
De crasse et d'inspiration.

Je suis ma propre expérience.

Mais peut-être suis-je trop lucide.
J'ai trop étudié, trop lu.
Je vis en sachant trop.
J'ai ruiné la vie —
Telle que vous la connaissez.

Tension

Un résultat
Peut ne pas
Répondre à la question,
Mais il
Réduit la tension.

Veine de l'addiction

Je déteste ce que je veux,
Mais je nourris ce dont j'ai besoin.

Comme de la chair vendue à la minute,
On reste pris dans le même manège.
On abandonne le sacré,
On dépense ce qu'il reste de notre clémence.

Cette reddition nous réduit à rien,
Même blanchie en bonne action,
Mensonge dans lequel on pourrit.

Ventre en l'air. Lardé. Broyé.
Une flaque de sang à nos pieds.
On nage dans cet océan rouge.
Et on prétend que ça en vaut la peine.

Les veines frissonnent sous les murmures,
Une vie secrète derrière un sourire.

La raison s'effiloche,
Un fix de plus.
Ne craque pas.
Approche.
Reste lié.
Ne romps pas ce qui t'enserre.
Ça ne s'éteint jamais.

Le sevrage est dur,
Alors tu continues —
Même si ça te coûte tout,
Même si ça t'engourdit.

Jusqu'à la disparition.
Jusqu'à la bascule.
Jusqu'à l'apaisement.

Seul et en sécurité

J'ai passé la journée seul.
Il y avait des fêtes où j'aurais pu aller,
Mais je ne voulais voir personne.

J'étais anxieux aujourd'hui —
Plus que d'habitude.

Je me suis allongé sur mon lit
Et j'ai fixé le plafond.
J'ai dû travailler ma respiration,
Son rythme perturbé
Par l'agitation de mes pensées.

J'ai pensé à moi.
J'ai pensé à ce que je veux accomplir.
J'ai pensé aux heures gaspillées,
À l'argent cramé pour rien.
J'ai pensé à ma sœur.
J'ai pensé à ma mère.
J'ai pensé à mon ex.
J'ai trop pensé,
Jusqu'à l'usure,
Jusqu'au malaise.

Ça devait être
Un des premiers beaux jours du printemps.
Je le devinais à travers mes stores.
Je me suis senti coupable de vouloir sortir,
Coupable d'avoir envie de voir le coucher du soleil.
Je sentais que je ne le méritais pas.
J'avais foiré ma journée.

Le pire, aujourd'hui,
C'est que nul ne savait que je touchais le fond.
Les autres jours, quand ça montait,
J'appelais un ami.
Je lisais.
Je mettais de la musique et je fermais les yeux.
Je faisais du yoga.

Je faisais n'importe quoi —
Pour détourner mon attention
De ma mélancolie.

Mais aujourd'hui je l'ai laissée gagner.
J'ai pris mon téléphone,
Puis je l'ai reposé.
Je ne voulais pas les déranger.
Je ne voulais pas gâcher leur journée.
Je ne voulais pas gâcher leur coucher de soleil.

Je ne savais pas quoi faire de ma mélancolie.
Ça arrive parfois.
C'est normal de se sentir ainsi.
Contrairement au bonheur,
Le blues se pointe sans prévenir.

Alors je suis resté seul.
C'était la seule façon de me sentir en sécurité.

J'aimerais parfois
Ne pas me sentir ainsi.
Comme si mon ambition jouait contre moi,
Comme si chaque réussite devenait caduque.

Je sais que si tu demandais à mes amis,
Ils diraient que je suis un type bien.
Je suppose que je le suis, parfois.
Je l'étais encore il y a quelques jours.

Comme c'est frustrant —
Le passé peut sembler si loin d'aujourd'hui.

Mais l'esprit est un organe mystérieux.
Parfois je crois que le mien rumine
Mes vieilles erreurs.
J'imagine que n'importe qui peut oublier
Sa propre grandeur.
C'est difficile de s'en souvenir.

Je sais que je ne suis pas seul.
D'autres se sont réveillés aujourd'hui
Avec le même mal-être.
D'autres le ressentiront demain.
On ne peut jamais savoir
Comment une journée va tourner.

Il paraît qu'il fera beau demain.
Et merde, rien que penser à demain
Rend aujourd'hui plus supportable.

Autant dormir là-dessus
Une fois ce poème fini.
J'aurai peut-être une meilleure chance
Au réveil.

Je me sens optimiste.
Et toi ?

La vapeur le long de christie street

On venait de quitter le premier bar,
Et je commençais à me laisser aller.
L'humidité du mois d'août me collait à la peau —
La sueur mêlée au gin,
Au néon,
Au bruit d'un samedi de plus.

L'attente de la nuit grandissait.
Des inconnus glissaient comme des ombres,
Visages lumineux,
Des voix à moitié perçues qui murmuraient mon nom —
Ou peut-être pas.

Les rues fumaient,
Un brouillard né du goudron montait en vagues.
J'y suis entré,
Sans me soucier de ce qui arriverait,
Sans crainte de ce qui pourrait,
Craignant plutôt ce qui ne pourrait pas.

Du verre frappant le bois.
Une enceinte qui couine.
Une main sur mon épaule.
Un rire — trop fort.
Un baiser, peut-être.
Un faux pas.
Le sol qui penche.
La nuit qui se brise
Avant même de retomber.

J'étais épuisé comme le péché,
Mais je n'ai demandé aucune absolution.
Je me suis accordé le salut
Quand la mémoire a viré au noir.

Et j'ai continué de marcher,
Porté par le flou,
Par la chaleur,
Par les sens de la ville.
Le long de Christie Street,
Où la vapeur se change en peur.

Moi, l'écrivain

La société compte sur nous
Pour combler un manque —
Une persona qui éclaire le chaos,
Une voix à la fois contre
Et pour l'hypocrisie elle-même.
Pour dire la vérité.

La rock star reste la rock star.
Ses frasques —
Pardonnées,
Parce qu'elle incarne
Ce que nous rêvons d'être.

Je suppose.
Moi, je suis l'écrivain.

Et même si je me méprise,
Redoute l'insignifiance
Et que mon anxiété déborde,
Je suis l'écrivain.

J'écris pour les autres
Parce qu'ils ne peuvent pas.
Je dis ce qu'ils veulent,
Mais n'osent pas.

Je ressens l'incertitude
De chaque mot posé.
Je ressens le poids
De chaque réaction critique.

Mais j'écris pour les gens
Dans des endroits solitaires,
Ceux qui ont besoin d'une page
Pour comprendre
Le sens de tout ça.

Savoir qu'ils ne sont pas seuls.

Que les bons jours —
Bien que limités —
L'emportent sur les jours
De distorsion brumeuse,
D'échec noir,
Et de moments qu'on préfère oublier.

Pour cela,
Je suis l'écrivain.

Pour cela,
J'écris pour vous.

Et peut-être,
J'écris pour moi-même.

Le tatou doré

On fait ces choses
Dans l'idée qu'elles soient transactionnelles.

Qu'on sera félicité pour cela.
Éduqué pour cela.
Que tout cela formera
Le cœur même de
L'élan,
Du frisson,
De l'excitation d'exister.

Je crois que certains appellent ça un but.
Mais ça ne se passe jamais ainsi.
L'argent s'empile.
Les problèmes aspirent chaque centime.
L'envie se propage comme une peste.
Tout le monde veut quelque chose de toi.
Personne ne veut te donner autre chose
Que des mots bon marché,
Des coups bas,
Du sens au rabais.

Et tout devient un foyer de domestication,
Annoncé par un panneau au bord de la route
Qui interroge ta dévotion à Jésus.

Alors les rouages dans ta tête s'enclenchent :
Es-tu à la hauteur ?
Devrais-tu t'inquiéter ?
Cette inquiétude va-t-elle te pousser à en faire plus ?
Et est-ce que plus vaut vraiment mieux ?

Non.
Ça ne l'a jamais été.
Ça ne le sera jamais.

On se souvient rarement de nous,
Mais on agit comme si tout le monde nous regardait,
Tapi, en observation,
Comme si nous devions servir de modèle.

Tout le monde se nourrit de l'idée
D'être remarqué,
Même s'il ne le saura jamais.
On vit dans une illusion
De célébrité, de prestige, d'abondance.

Mais on n'est pas des modèles.
On est trop gros,
Trop crédules,
Trop étalés.

Comment travailler la profondeur
Quand elle n'entre pas
Dans le buffet d'amuse-gueules superficiels ?

On l'enterre sous les faux-semblants,
Les objets,
Les gens,
Les impressions,
Et tout le fourbi du bullshit sociétal.

Une nation de gadgets et de critiques.
Tout emballé comme du progrès,
Mais ça reste une mode, au final.

Pourtant, il faut bien manger.
Et quand on mange, on veut manger mieux.
Et quand ça s'améliore,
On veut ce qui est bien.

C'est là qu'on commence à se transformer.
En quelque chose de cuirassé.
Calleux.
Conservé par la douleur.

C'est là qu'on devient le Tatou doré.

Mais l'illumination n'est jamais née
De ce qui n'a pas été écrit,
Produit,
Ou peint.

Les sphères numériques ont pris le relais.
Les conséquences de
Son,
Lumière,
Vues —
Mêlées au piège toujours pétillant du
Marketing,
Positionnement,
Captation.

Tristement,
Le garçon honnête attend d'y voir clair
Mais la toile n'a jamais été vierge.

Elle a toujours été scénarisée :
Comme ça devrait être.
Doit être.
Ne peut qu'être.

Et la sécurité apparaît,
Non comme un salut,
Mais comme une survie.

Son dos est dur.
Son corps caché.
Son sourire forcé.

Son partenaire.
Son bébé.
Serre ce sourire de dents acérées,
Une performance de douleur
Séduite par le monstre performatif de la médiocrité.

Être dans la course
Avec les homologues d'à côté,
Plus bas sur la route,
À travers l'État,
Dans le pays,
Dans le monde.

Tous ceux qu'on ne croisera jamais.

Alors qu'on crache à la figure
De quiconque s'approche assez près pour nous toucher.
À la place, on cultive la colère.
Aigri qu'on ait laissé le monde leur faire
Avant qu'ils ne puissent le lui rendre.

Mais on caresse notre carapace dorée.
On remplit nos journées de conversations encombrées
Sur les fêtes que d'autres ont ou n'ont pas faites —
Jamais sur ce qu'ils devraient faire.

Les souvenirs de notre *bla-bla-bla*
Ne viennent pas du son de notre fureur.

Non.

Ils viennent des choix superficiels
De ce qu'on imite, copie,
Et présente comme notre propre originalité.

Sous couvert de sérieux,
Le foie de nos vies oublie de filtrer les foutaises.
Le sanglier se souvient d'un regret
Qu'il brandit comme un exploit.
Et on grogne quand on nous l'ordonne.
On couine avec une absence d'originalité.

Je pourrais.
Peut-être.
Si seulement… groin-groin.

Des phrases qui criblent notre être incessant,
Frôlant l'unique once d'originalité
Qui aurait pu éclore.

On rêve d'être pendus à sécher
Comme un boucher offre la mort
Au diable dans le porc.

Même avec ces pensées,
On chavire sur la touche,
En glissant vers le courant dominant.

En pensant qu'il faut plaire.

Mais la réputation reste un serpent qu'on observe,
Et le génie de notre âme
N'a jamais exaucé qu'un seul vœu : la validation.

« J'existe, tu sais. »
On bondit avec la prédiction
Qu'on pourrait être plus.
Plus pour qui ?

Qui sait.

Comme nos vies deviennent misérables
Quand on veut qu'elles comptent pour les autres.

Peut-être que je me trompe.
Tu diras peut-être que j'ai tout faux.
C'est possible.
Je me défais quand même en chemin.
Ou peut-être que tu verras plus clair.
Peut-être que tu diras
Qu'il n'a pas plus tort que nous tous.

La louange extérieure ne nous affine pas
Si elle n'était pas prévue ainsi dès le départ.
Cette putain de carapace — comme elle nous protège.
Mais elle ne protège rien, au bout du compte ;
Elle est juste lourde,
Fragile,
Calculée.

Elle s'impose.
S'implique pour le simple fait de s'impliquer.

Dure comme le dos nu
De notre ossature blindée,
On la gratte
Jusqu'à se convaincre qu'elle est lisse.

Mais elle ne l'est pas.

Elle est carnassière.
Elle est ancestrale.
Elle est sacrée.

Un rappel qu'on refuse de voir

Alors on reste —
Non pas en cage,
Mais enfermé dans notre propre armure,
Notre propre tombe dorée.

La route des grains de poivre

Le choix en la matière
Se déplace le long de la route des grains de poivre.

Pointillée et hachurée
Par les éclats d'idéaux trop hauts —
Asséchés par le gravier,
Qui râpe contre
Ce que nous savions être.

Le plaisir retombe
Dès l'instant où nous aspirons
À quelque chose de plus.

Mais quoi ?

Ce qui était essentiel
Devient temporaire —
Une attaque aussi frontale
Que nous la souhaitions,
Que nous n'en avons plus besoin.

Même le désir
À la vue obstruée.
La sauce se trouve
Dans les abstractions.

Jusqu'à ce que ça devienne clair :
C'est arbitraire —
Aucun sens,
Jusqu'à ce que nous décidions
Que rien d'autre n'importe.

La piqûre de notre spontanéité
N'est jamais spontanée,
Cousue à rebours.
Ce n'est qu'à travers
La dérision du temps —
Une catacombe d'expérience,
Gorgée de colère —
Que cela devient le nôtre.
Nous ne refusons rien.

Il y a de la sécurité dans l'irrésolu ;
Une fois résolu,
Que reste-t-il à affronter ?

Le drame est une drogue.
J'en suis accro.

Pas d'équilibre

Dans la vie
Il n'y a pas d'équilibre.
Un peu de réussite,
Beaucoup d'échecs.

Tout ce qu'il y a entre les deux
Est transactionnel.
C'est soit ça,
Ou alors quoi.

Il y a des preuves à fournir,
Ou du potentiel à qualifier.

Quand on n'offre rien
Que son propre malentendu,
Qui tournoie comme des dents d'acier,
Déchirant
Une histoire,
Une chanson,
Un souvenir.

Et dans le sillage de ces instants,
L'émerveillement devient tourbillon,
Une sensation de joie qui virevolte —
Car la découverte
Est la nature disjointe
De l'alignement.

Ça repose seulement sur le créateur,
Qui trouve
Ce que c'est,
Ce que ça pourrait être,
Ce que fut ce « ça »
Qu'il ne connaissait pas
Dès le départ.

À la nuit

Aux ciels bleus qui nous éblouissent en retour.

Aux inconnus qui deviennent des amis,
Et aux amis qui redeviennent des inconnus.

Aux marginaux malchanceux,
Qui boivent des bières bienheureuses
Sur des sous-bocks détrempés.

Aux reines qui hurlent à la lune,
Pendant que les princes regardent
Avec une admiration patiente.

Aux pieds en miettes,
Aux rencontres fortuites,
Aux promenades imprévues de trois heures du mat.

À la nuit.
À la prochaine nuit.
À la lumière qui emporte cette nuit.
À toutes les nuits.
À la nuit.

Comme le vent,
Les gens t'emportent.

Combat

J'ai atteint un moment où je n'ai plus besoin de le faire,
Mais la sécurité m'est étrangère.
Le plus petit obstacle me met en rogne.

Je me bats pour des raisons que les autres ignorent —
Mes amis,
Ma copine,
Mon patron,
Ma famille.

L'agressivité monte.
Elle terrorise mon esprit.
Parfois elle me fait pleurer —
Un volcan en pression,
Du sirop rouge qui suinte de mes canaux lacrymaux.

Une allumette allumée brille devant moi.
Je n'ai qu'à souffler dessus.
Mais je la regarde.
La mèche noircie s'allonge,
La querelle retombe,
Et j'attends l'instant
Où la dernière lumière vit.

Il y a une sérénité dans l'obscurité.
Elle est sauvage.

Tout du long j'ai peur d'être exposé.
Personne ne sait que c'est arrivé.
Ils sourient.
Je leur rends leur sourire.

Caché derrière les époques
Où se battre restait la seule option —
Je régresse.

Parfois c'est plus simple
D'être la personne qu'on était autrefois.

J'aime l'argent,
Mais je déteste subvenir.
J'aime boire,
Mais je déteste la gueule de bois.
J'aime les femmes,
Mais je déteste le chagrin d'amour.

Les filles riches

Les filles riches ne se soucient pas du loyer.

« Comment tu paies ton loyer ?
— Je ne le paie pas.
— Qui le paie alors ?
— Mes grands-parents. »

Elles bricolent la semaine,
Des jobs de baby-sitting transformés en amitiés rémunérées.
Des masters qui dérivent en escapades d'une semaine
En France, en Espagne, à Maui.
Une thèse avalée avec un matcha au brunch —
« Je suppose que c'est ma passion.
Je ne sais même pas si ça en vaut la peine. »

Quelle ironie, la valeur d'une fille riche.

Les filles riches épousent des garçons riches.
Ces garçons font une fixette sur les filles riches.
Les filles riches adorent ça,
Détestent ça,
Vivent avec.

Mais les filles riches aiment les gars comme moi.
Les types turbulents.
Le genre qui s'en fout si elles sont là,
S'en fout si elles ne sont pas là.
Elles veulent toujours être désirées.
Elles supportent mal mon détachement.

« Pourquoi tu es comme ça ?
Tous les mecs se prosternent devant moi ! »
Je hausse les épaules.
« C'est pas grave, bébé. Viens là. »
Je l'embrasse sur le front,
L'endroit de la résolution —
Comme son papa le faisait.

Mais ce que je pense est bien différent.
Parce que quand elles sont là, je perds le sommeil —
À divertir quelqu'un dont la vie

Repose sur le divertissement instantané,
La réaction, la stimulation,
Alors qu'elles offrent si peu.

Une saga calibrée, traitée en un instant
Ou traînée quand ça arrange.
Quelle pathétique façon de créer du mélodrame
Pour le simple plaisir de tuer le temps.

Et quand elles sont parties,
J'écris sur elles.
Comme maintenant.
Parce qu'elles me fascinent autrement.
Pas exactement du désir —
Bien sûr, on baise.
Les filles riches sont plus ouvertes sexuellement,
Peut-être libérées par le fait
Que si des erreurs arrivent,
On peut les réparer.
« Pas de bébé pour moi, pas encore. »
Là-dessus, on est d'accord.

Ce qui m'attire chez les filles riches, c'est autre chose —
Leur excuse inhabituelle d'exister.
Aucun vrai désir au-delà d'être distantes.
Elles ne construisent pas. Elles font.
Elles manœuvrent sur la scène sociale,
Sans jamais trouver ce qu'elles cherchent.
Comment le pourraient-elles ?
On leur a toujours donné tout ce qu'elles voulaient.

La sécurité est une autoroute bien tracée.
La survie, des nids-de-poule, des gravats, un terrain défoncé.
Les filles riches aiment l'idée de la survie
Mais préfèrent le confort du bitume lisse.
Elles restent enchaînées au mode de vie qu'elles méprisent,
Pédalant et hurlant dans leur joyeuse virée.

Elles aimeraient être misérables —
Porter un traumatisme.
Quelque chose qui les définisse.

Ce n'est pas l'humanité qui les trouble.
C'est qu'elles n'ont jamais eu à l'affronter.
Elles ne le feront jamais.
Elles ne sauraient pas comment le supporter.
Mais moi, je sais.
Et elles veulent ce qu'elles ne peuvent pas avoir.
Et c'est précisément ce qu'elles n'auront jamais :
Un gars brut à modeler.
Contrairement à leurs attributs,
Je reste libre.

Pourtant parfois, des étincelles.
Des moments décalés —
Assis nus sur un canapé,
Un bol de M&M's passé au micro-ondes,
À regarder un documentaire sur Picasso.

C'est là que les filles riches sont ruinées.
Parce que tout l'argent du monde
Ne les rendra jamais pauvres.
Elles ne se plieront jamais en quatre pour toi —
Mais dans de rares moments, elles le font.
Et dans ces moments, elles voient à quoi ça ressemble.

Mais quand même —
Ça coûte cher d'être libre.

Si la pertinence est tout ce qu'on voit,
On oublie d'où elle vient.

Aucun regret.
Juste des souvenirs, des instants, et des peut-être.

Anatomie du doute

Un homme solitaire
Se permet de penser.
L'incertitude enivre son âme.

Il construit un écosystème
De chaos et de distraction —
Des fils laissés en suspens.

La pression monte
Vers la fin inévitable —
Superflue avec le recul,
Pourtant érigée avec soin
Sur l'infatuation,
Sur la peur,
Sur la solitude
De ce qu'il pourrait révéler
Ou de ce qu'il pourrait ne jamais nommer.

La vertu du risque

La conséquence d'être en sécurité
C'est d'y rester.
Et ça ne s'aligne jamais
Avec le risque.

Le risque reste la seule vertu
Qui vaille son vice.

Parfois, avoir une sale gueule est une bonne chose.

Confidentialité

Le type m'a dit que sa plaque venait de Pennsylvanie.
Tu vis en Pennsylvanie ? j'ai demandé.
Non, je vis dans le Connecticut, il a répondu.
Alors pourquoi une autre plaque ?
Pour la confidentialité, qu'il a dit.
Les flics n'arrêtent pas les plaques d'un autre État.

J'ai pensé,
Quel connard.

De quelle confidentialité a-t-il besoin ?
Quels secrets protège-t-il ?
Quel geste grandiose justifie cette cape d'invisibilité ?

Personne ne veut te connaître.
Personne n'essaie de fouiller dans ta vie.
Pourquoi le ferait-on ?

Qu'as-tu fait de si extraordinaire ?
Quel fardeau portes-tu
Pour mériter d'être protégé aux yeux du monde ?

L'infrastructure économique du pays
Repose-t-elle entre tes mains ?
Tu arrives à peine à payer l'essence.

Mais vas-y,
Change les plaques d'immatriculation,
Manigance ta confidentialité,
Trame ton anonymat.

Quelle formidable perte de temps.
Tout ça au nom de la confidentialité.

La confidentialité,
Le soliloque du silence
Pour quelqu'un qui crève d'être entendu.

Ils bâtissent des récits de détresse
Pour justifier leurs esquives,
Exposant leurs propres combines
À quiconque assez bête pour écouter.

À quiconque prêt à entendre.
À quiconque pourrait s'en soucier.
À quiconque pourrait valider la lutte
Du grand guerrier de la confidentialité.

Si tu veux vraiment de la confidentialité,
Pourquoi n'es-tu pas dans une pièce obscure,
Cerné de bouteilles de pisse,
Ramassées chaque semaine par un type qui s'en branle ?

Envoie des lettres à pied.
Pas de timbres.
Rencontre les gens en personne.
Pas de téléphone.
Paie en cash.
Pas de cartes.
Crève de faim.
Pas de drive à minuit
Pour un burger, des frites et un milk-shake.

Des caméras partout.
Des reçus à ton nom.
S'ils veulent te trouver, ils te trouveront.

Il n'y a pas de confidentialité.
Aucune.

Et ceux qui s'acharnent le plus à la préserver
Sont souvent les plus visibles.

Pendant que le reste d'entre nous,
Ceux qui mettent leur âme à nu,
Ceux qui essaient d'écrire quelque chose de décent,
On nous dit de la fermer.

Trop occupés,
Trop bruyants,
À écouter un type
Se vanter de contourner le système,

Plaques de Pennsylvanie sur son Silverado.
Mais il vit dans le Connecticut.

Les médecins ne sont pas des conteurs

J'appelle les médecins
Les récitants les plus prolifiques de la régurgitation.

Ils n'ont rien découvert.
Ils disent juste ce qui est déjà su,
Déjà là —
Mais ils s'en emparent.

Ils ne perçoivent pas mon rôle ;
On leur a appris que c'était impossible.
Mais j'écris simplement mieux.

Les médecins ne sont pas des conteurs.
Ce sont des rapporteurs.

Ils rapportent les phénomènes naturels de la biologie —
Ce qui était là avant eux,
Ce qui sera là avec eux,
Ce qui sera là après.

Lents à démarrer,
Rapides à s'approprier la gloire —
C'est à son comble chez mes médecins.
Une façon de justifier ce qu'ils ont étudié,
Définie par les limites de leur diplôme.

La seule note qu'ils agrippent,
Même quand la crédibilité s'effondre
Dès qu'on la leur tend.

Ils perdent l'élan
Parce qu'ils l'ont déjà épuisé —
Juste pour dire que le potentiel leur appartient.

Peu résistent à la réticence.
Seuls ceux-là deviennent des dieux du scalpel.
La plupart se coupent tôt du jeu.

Ils préfèrent qu'on leur dise qu'ils pouvaient
Plutôt que de montrer qu'ils l'ont fait.

Voilà ma raison, j'imagine :
Les faire paraître intelligents.

Ligne après ligne,
Je nettoie les déchets,
Transformant leurs mots en miracles.
Les gens les voient comme des génies,
Et moi —
Ils ne le sauront jamais.
Parce qu'ils ne le croiraient pas autrement.

Quinze ans, cinq cents publications,
Et tout ce que je récolte —
« Un bon organisateur. »

On leur dit : « Comme vous êtes brillant d'avoir écrit ça. »
Et qu'est-ce que l'intelligence, au fond,
Sinon une permission accordée par les autres —
Le plus souvent des semblables,
Qui hochent la tête dans des hiérarchies invisibles.

Ce n'est pas l'absence de louanges qui m'attriste,
C'est la perception qu'on leur accorde,
Lâchement câblée à leurs noms sur un manuscrit,
Une déclaration sans création.

Non — ma rage vient du mésusage des mots.
Ils ne sont pas des génies.
Le génie n'attend pas les crédits.
Le génie ne s'accroche pas aux titres.
Le génie ne s'arrête pas aux limites d'un diplôme.

Le génie ne s'arrête jamais.
Il est trop occupé par le projet suivant,
L'article suivant,
La tentative sombre de créer de l'art.

Le sens naît du conflit —
La véritable épreuve du génie.
Mais il n'y a pas de génies.
C'est un déguisement qu'on attribue trop vite.

Alors quand vous écrivez un article scientifique,
Tenez-vous-en à l'étude —
Pas à vous-même.

Ballons de la banalité

De fades acclamations de grandeur
Continuent d'être lancées
Pour les modestes notions
De médiocrité.

Quelle absence d'humanité,
Des âmes réduites à un gimmick.

Et pour quoi ?
Une action.
Une réaction.
Une machination ludique.

Un type s'assoit dans le métro
Avec un micro,
Et soudain
C'est quelqu'un qu'il faudrait écouter.
« Je suis d'accord. »
« Je ne suis pas d'accord. »
Les oh et les ah de l'insipidité.

On considère que le monde a du sens
Quand on est jeune —
On croit qu'on comptera,
Qu'on apportera notre pierre.

On pense que ce qui est maintenant
Doit forcément valoir plus
Que ce qui est venu avant.
Alors on s'accroche au présent,
On aspire à la paille à toute vitesse.

« Ça doit vouloir dire quelque chose ! »
« C'est différent parce que c'est moi. »
« C'est notre époque. »

Puis plus tard on comprend
Qu'on a accompli très peu.
Des occasions gâchées,
Nécessitant la solitude,

Quémandant l'acceptation
De ceux qui ne se sont jamais acceptés eux-mêmes.

Et alors on se lasse de la chasse.
On saigne d'abord —
Sans que nul le remarque.
Puis ça nous vide complètement.
On avance, presque sans vie.

On se tourne vers les échappatoires.
On boit.
On se drogue.
On trompe.
On fait toutes les choses
Qu'on jurait de ne pas faire.

Et on les fait avec justification —
Comme si les murmures du matin
Nous disaient qu'on n'avait aucune chance.

Pourtant on joue le rôle.
Sourire sur commande.
Aimables,
Méconnaissables
Pour nos anciens nous-mêmes.

On se convainc,
On convainc les autres,
Que ce qu'on fait
Est ce qu'ils devraient faire.

Le troupeau gronde
Plus fort qu'une ruée de bisons.
La frontière entre rêveurs et faiseurs
Se réduit à rien.

« Peu probable », disent-ils.

Quelle cruauté
Quand les visions d'hier
Deviennent les rêves évanouis d'aujourd'hui.

Comme la roche sans aspérités.
Comme la flèche sans pointe.
Comme l'arme sans balles.

Le château de cartes s'effondre.
Une pièce manquante
Et nos entrailles se répandent —
Éclaboussent la table,
Le sang sèche
Avant de former une flaque.

Parce que c'est le plus grand problème auquel on fait face :
Le concept de reddition.
Et on le déguise en victoire.
C'est le pire endroit où être —
Celui où on applaudit sa propre peur,
L'échec grimé en reddition,
Les applaudissements arrivant
Comme une lente acceptation.

Notre couleur a beau briller,
Elle sèche comme de la peinture.
Elle se décolore avec la saison.
On a de la chance
Si on obtient un jour une couche fraîche.

La promesse devient présence
Bien trop vite.
Au lieu de résister,
On s'installe dans le défaut.

Autrefois une ficelle retenait notre ballon,
Mais on a peur de monter —
Peur de ne pas avoir été à la hauteur.
Alors on souffre seul —
Incertain,
Incapable,
Irréel.

Et malgré nous,
un soulagement s'installe —
Le plus triste qui soit,
Il n'est plus requis,
Ne respire plus
Dans le spectacle.

On attend l'aiguille.
Une perforation.
Air parti.
Enfin.

Les ballons de la banalité
Dérivent,
Vides,
Évanouis.

Échoue vaillamment, dans le rire et l'humilité,
afin que le ciel rougeoie de rage
et noircisse d'émerveillement.

Sa voix était une plume
qui saisit le vent
juste comme il fallait
et se laissa porter pour toujours.

Parmi eux, sans en être

J'ai toujours eu le sentiment
D'être en train d'observer.

Observer les gens,
Les lieux,
Les interactions —
Leurs inquiétudes,
Leurs exaltations,
Leurs désirs.

Toujours en train d'observer

Le plus difficile
Est que je ne me sens jamais à ma place,
Même quand on m'accueille
À bras ouverts.

Je manque d'ancrage,
Alors je préfère regarder.
J'y trouve plus d'intérêt.

Et je me demande —
Pourrai-je un jour trouver ma place ?

La friction est ce qui enflamme.

Sweetleaf

J'ai vu mon meilleur moi
Dans ses yeux bruns.
La façon dont j'ai toujours espéré
Être vu.

J'ai tenu sa main différemment après cela.
Une pression légère.
Comme pour dire
Qu'on pouvait se soutenir.

Notre premier baiser n'était pas un piège.
Pas un jeu,
Pas une passade,
Pas un acte de manque.
Mais un acte de foi.
Un pas hésitant vers la confiance.

Les premiers rencards n'offrent pas souvent cela.
Mais parfois
La foudre frappe,
Les étincelles crépitent,
Le feu te traverse,
Et le passé s'effondre.

Sois prêt quand ça arrive.
L'éternité n'attend pas.

Tu peux rester sobre
et pourtant t'enivrer.

Combat l'ignorance conviviale
par une intelligence subtile.

Baguettes de pacotille

L'esprit d'une femme
Est son piège —
Aussi fragile que des baguettes de pacotille,
Qui se brisent sous la pression qu'elle s'impose.

Elle cherche la stabilité au-dedans,
Mais désire le chaos au-dehors.

Sensible, parce qu'elle est prise.
Séduisante, parce qu'elle ne peut fuir.
Sombrement belle, car le mystère finit toujours par mordre.

Des saisons dans un bol

C'est un premier rendez-vous.

La Russe est éblouissante.
Mais je remarque le bol de riz
Plus qu'elle,
Posé entre nous.
Le riz fume,
Mais les grains,
De loin,
Ressemblent à des flocons de neige froide,
Façonnés par la forme du bol —
Gris, luisants, satisfaits.

Et le riz me rappelle
Les hivers dans le Maine —
Une virée d'une journée
Avec un ami de fac
Qui s'est cassé la clavicule.
Les secouristes sont venus,
Nous ont descendus en traîneau jusqu'en bas,
Lui ont sanglé l'épaule.
J'ai conduit pour rentrer.
Cette année-là,
La saison de ski
S'est arrêtée trop tôt.

J'y pense toujours —
Ou à toute saison
Qu'on rate,
Quand autre chose —
Même une blessure —
Prend le dessus.

Je pense aussi à cette femme en face de moi,
À comment je ne raterai pas notre saison.
Qui sait où cela mènera,
Combien notre incantation est douteuse
Quand nous voyons au travers des inhibitions.

Elle me demande quelle est ma devise.
Je lui dis : *s'engager d'abord, convaincre ensuite.*
Ça lui plaît.
Elle songe à toutes les fois
Où elle ne s'est pas engagée.

Puis elle dit :
— Tu veux du riz ?

Et je réponds :
— Pas besoin de me convaincre.

L'agonie de l'ordinaire

Je veux fréquenter des gens mauvais.
Pas les malveillants — non.
Les intéressants.

Souvent, la vitesse de la vie ralentit
Jusqu'à une fadeur blafarde.
Un filet de sécurité en treillis,
La cage du conformisme.
Nourris de miettes —
Affamés de convention.

Ils disent vouloir *quelque chose,*
Mais quelle chose extraordinaire ont-ils apportée ?

Rien, en général.
Fausse promesse.
Même pas un mensonge.
Au moins un mensonge excite.
Mais la boîte de tech,
Le cabinet comptable,
Le carrousel infâme des taux d'intérêt —
Ça n'étonne pas.

Et pourtant tu supplies qu'on t'excite.
Mais toi, tu n'es pas excitant.

Bosser chez Microsoft ? Pas excitant.
Ce legging léopard qu'Instagram t'a vendu ? Pas excitant.
Ce tatouage fait au Costa Rica il y a quinze ans ? Pas excitant.

Ce qui excite, c'est l'intrigue.
Les projets la protègent.
Rester assis devant ce putain de clavier,
À vider ses tripes avant qu'elles pourrissent.

Montrez-nous.
Ne nous dites pas.
Les créations donnent rarement des réponses,
Mais au moins elles portent une raison.

Percez un trou dans notre cerveau.

Les femmes disent vouloir un homme
Qui sort du lot,
Mais souvent il échoue —
Comme elles,
Assises sur le banc de touche du potentiel,
Discussions sans fin sur
Ce qui pourrait se faire
Si elles le voulaient vraiment.

Les femmes se préparent à le jeter —
Dès que le travail est achevé,
Au moment où il a le plus besoin d'elles.
Quand son angoisse faiblit,
Elle se sent plus petite que l'œuvre.

Alors elle part.

Elle trouve quelqu'un de plus sécurisant,

Retour vers l'illusion du potentiel.

Jusqu'à tomber sur un loser qui jamais ne réalise son rêve.
Puis... oups. Un enfant. Un chien. Une maison.
Et maintenant plus rien ne peut se faire

Et ça serait différent, d'une certaine façon ?

Jusqu'où peut nous mener un rire,
Quand il repousse plus loin
Notre trahison intérieure
Se prélassant dans sa victoire.

Zut.
Installés.
Sauvés de l'obscurité.
Le rêve creux,
Un robinet qui fuit —
Une existence troquée,
Les mêmes étapes répétées.

Comme on devient docile
Quand on comprend que la rareté s'est éteinte.

Plutôt que d'avouer,
Ils essaient de nous transformer en eux,
De préserver ce qu'ils sont devenus,
Et de tuer ceux qu'ils furent autrefois.
Alors certains d'entre nous se révoltent.
Quand il n'y a plus de voix, plus d'échappatoire.
Quand tu ne peux pas les convaincre de ta manière de vivre,
Il ne reste plus qu'à écrire.

Au moins là,
Tu as tué un dragon.
Une victoire silencieuse
Au milieu de leur ennui.

Ils veulent être entendus. Ils l'exigent.
Ils aiment le son de leur propre voix,
Alors que le silence expliquerait tout.
Crachat dans le néant,
Vies routinières auxquelles ils s'agrippent.
Pressés. Épuisés.
Dévouement mis en vitrine —
Fêtes d'anniversaire,
Journées au zoo,
Biscuits de Noël sous film plastique —
Vies parfaites jouées sous néons.

Pas de place pour s'asseoir, dormir, ou dire un truc.
Un fracas imposé aux autres.
Comme si marcher vers l'ordinaire
Avait jamais été juste.

« Une décision impressionnante que nous avons prise. »

Vraiment ?
J'en doute.

L'ordinaire est une agonie.

Vivre en suspens te prive de toute prise.

Des sacs plastique dans les branches

Les biens nous alourdissent —
Stables, instables,
Prêts à céder sans prévenir.

On en ajoute plus.
On en prend plus.
On voit moins.

Le départ reste plat,
Puis viennent les pics récents —
Jusqu'à ce que tout se compacte.

Tirés par notre poignée,
L'élastique rompt.
Tout disparaît,
Étalé sur le trottoir —
Et c'est la meilleure sensation de notre vie.

La pression cède,
Le sentiment d'infériorité retombe.
L'air nous soulève

En vol, on s'enroule autour d'une branche —
Tordus, déformés,
Nos fibres étirées.

La branche attend de lâcher prise,
Comme nous l'avons fait —
De la même manière qu'avant.

Jusqu'à ce qu'on soit libre de voler,
Sans attaches.

Trouve ton évasion éternelle
au-delà de l'ordinaire.

Je ne sais rien...
dont je sois sûr.

L'éclipse brûlante

Les fumeurs prennent des risques.
Ils allument,
Sachant que chaque bouffée
Les rapproche de la mort.

Peut-être qu'ils ont tout compris —
L'alcool, jusque tard dans la nuit,
Les ecchymoses magenta sous les yeux,
Les fantômes de la vie nocturne,
La congrégation
Autour d'une flamme mourante.

Ivresse et apparat.

La vie ne pourrait jamais sembler aussi déprimante,
Aussi géniale,
Aussi exaltante.

Peut-être que le fumeur
A tout compris.
J'aimerais avoir tout compris.
J'aimerais que quelqu'un ait tout compris.

Tempêtes de sable dans notre esprit

La réputation est un fantôme dans le sable —
Un spectre que nous devenons dès la naissance.

Comme nous rapetissons vite,
À vénérer le dévoreur de dunes —
Visant une cible imaginaire,
Qui se rapproche de nous.

Nous croyons à l'illusion,
Pour la seule poursuite de la vanité.
Nous reculons devant la souffrance,
Fuyons l'existence à toute allure,
Avant d'être jugés
Et déchirés par les crocs de la foule.

Mais nous encaissons.
Démoralisés par quelque figure de crachoir —
Mieux vaut la chair mutilée
Que l'esprit emmuré.

Le trauma cimente notre chaos —
Un visage figé, rassurant,
Un château de sable qui ne rencontre jamais la mer.

La responsabilité prend la pose ;
Nous refilons la faute —
Aux autres en orbite,
À l'intelligence artificielle,
Notre bouc émissaire résolu.

N'a-t-il pas toujours fallu
Un autre à blâmer ?
Si c'était vrai,
Pourquoi idolâtrons-nous encore ?

« Pas nous, jamais. »

Pourquoi reculer, encore et encore,
Devant le fantôme dans le sable ?
Nous nous écartons de la vérité
À cause du monstre.

À l'intérieur, nous explosons.
À l'extérieur — pâles comme le spectre —
Une toile vierge
Qui reste blanche.
Aucune couleur pour peindre avec les doigts.
Si nous le faisions,
Nos mains ne seraient pleines que de sable.

Plus d'humeur.
Moins de bouderie.

Rien ne se perd

Ne pollue pas l'esprit.
Ne dilapide pas les illusions
Que tu cherches à transmuer en réalités.

Autrefois, l'innovation était un fantasme.
Le fou qui osa devint l'homme volant.
Des hommes et des femmes farouches crurent aux ailes.

Ne pollue pas le souhait.
Ne rejette pas le rêve —
La force qui exige d'explorer.

La route regorge de fissures
Pour l'œil attentif.
Les détails s'approfondissent
Par l'attention.

Suis-les
Droit dans les rouages rouillés du destin.

Un lien par une brèche

Certains d'entre nous ont des liens ;
La plupart ont des brèches.

Certains deviennent médecins
Parce que leurs familles possèdent les hôpitaux.
D'autres se fraient un chemin dans les milieux
À force de labeur,
Jusqu'à ce que ce travail brille comme un joyau à leurs yeux —
Puis on nous l'arrache
Avant même qu'on cesse de le regarder.
Et on reste là,
À creuser une autre brèche.

Ceux qui ont des liens ne transpirent jamais.
Leurs CV sont cousus d'or
Avant d'écrire un mot.
Ils entrent dans les bureaux,
Appellent cela le destin —
Quand ce n'est qu'un piston de naissance.
Leurs erreurs sont pardonnées,
Leur incompétence
Est renommée « potentiel ».

La foule des brèches ?
On construit des échelles avec des planches cassées.
Nos liens sont les nuits blanches,
Les petits boulots à côté,
Les loyers bas dans des sous-sols rongés par les rats.
On survit avec du ruban adhésif et de la caféine,
Avec un peut-être l'an prochain,
Avec un si j'ai de la chance.

Ceux qui ont des liens pensent que lutter
C'est choisir entre caviar et homard
Au séminaire d'entreprise.
Ceux des brèches savent que lutter
C'est l'électricité à payer vendredi
Et un patron qui dit
« Sois reconnaissant d'être ici. »

Les penseurs trônent dans leurs tours,
À peser chaque mot —
Ce qui sonne ignorant,
Ce qui pourrait fissurer une réputation —
Comme si la réputation
N'était pas un héritage de plus.

Pendant ce temps,
Les chercheurs de brèches
Se font traiter d'imprudents,
De désespérés,
De fous.
Mais on continue d'avancer —
Par les fissures,
Par les portes de derrière,
Par les espaces
Où les liens ne peuvent s'immiscer.

Et parfois,
Après assez de brèches franchies,
On devient le lien.
Certes, les brèches ne durent pas éternellement,
Mais elles sont à nous.

Et cela suffit.

On n'a jamais eu besoin d'autorisation.

Ragoût d'étron

Nous avons créé plus de problèmes
En essayant de résoudre des solutions
Qu'en réglant de vrais problèmes —
Cela pour permettre à quelqu'un
D'imposer ses idéaux
Comme meilleure façon de faire.

Si ça marchait avant,
Pourquoi pas maintenant ?
« Les temps ont changé. »
« C'est l'ancienne méthode. »
« Ce n'est pas nouveau. »
Des excuses. Toutes.

La vérité ?
Nous nous ennuyons, c'est tout.

Nous croyons que notre avis compte.
Nous ne pensons pas, ne façonnons pas, n'approfondissons pas les idées.
Nous disons juste ce que nous disons
Pour le sport et le divertissement.

Nous convoitons l'attention
Qui vient des louanges futiles des pairs.
Nous pensons devoir
Suivre nos contemporains.

Nous imaginons une chute
Qui n'existe pas.
Nous inventons des désastres
Pour parader nos solutions,
Au nom du sauveur.

Tout en évitant
Le vrai problème — nous :
Ce que nous sommes,
Ce que nous devenons en chemin.

Toujours inflexibles,
À crier l'indépendance.

Mais tout cela est —
Faux.
Feint.
Creux.

Une poche pleine de poseurs —
Tous s'écroulent.
Ni forts,
Ni courageux,
Ni audacieux.
Dociles, lunatiques,
Affamés d'échappatoire.

Nous nous soumettons à l'ordre reçu.

Nous nous noyons dans un ragoût d'étron —
Nous y versons de l'essence,
Nous laissons mijoter jusqu'à l'embrasement,
Nous faisons tout exploser,
Et malgré tout,
Nous finançons encore notre bêtise.

Nous applaudissons pour balayer ça.
Nous nous pardonnons.
Nous comptons, disons-nous —
Mais non.

Nous ne sommes que des produits —
L'emprise de la technologie sur l'esprit,
Le lavage de cerveau corporate,
La culture des losers grimés en influenceurs,
Les dimanches spaghetti,
La bière artisanale,
Les révélations du sexe,
Les cryptomonnaies,
Les reels Instagram,
Et un cold brew de chez Dunkin'.

Toute la crasse à laquelle nous adhérons —
Et s'il ne reste rien,
Nous trouverons encore un problème.

Paroles de cavaliers sans tête

Le jugement moral repose désormais
Sur une seule mesure :
La pertinence.

Et avec elle,
La mort de la croyance.

Croyance en Dieu —
Autrefois définitive, aujourd'hui défaite,
Débitée comme le discours d'un vendeur de voitures.

Croyance en soi —
La rébellion réduite à la convention,
L'individualité ternie par l'uniformité.

Croyance en la société —
La communauté grimée en marchandise,
Le collectif mis en scène comme une esthétique.

La technologie s'immisce
Comme le remplacement ultime.
Elle échange le plaisir contre le pouvoir,
Vantant le contrôle
Sous la domination des comités.
Ils dictent comment, pourquoi, quand agir —
La vie réduite à des insinuations.

Tout cela découle
D'un besoin d'autorisation.
Nous brûlons qu'on nous dise quoi faire.
Non pas le désir qui dicte la permission —
Mais la permission qui dicte le désir.

Mais la pertinence n'est pas de l'art.
La création exige le conflit —
Pas violent,
Mais intérieur.

Même si la solitude demande du temps pour advenir,
L'attente en vaut la peine.
Le rythme est notre priorité.
Seule la patience nous libère.

Sinon,
Les âmes perdues sont effacées.
Balayées
Dans la chaleur bon marché de la visibilité.

L'urgence réclame le présent —
Alors que la vérité
Exige le silence,
Exige les saisons.

Pourquoi tant d'impatience ?
Pour prouver qu'on existe ?
Pour être vus tels que nous avons toujours été ?

Tu n'y as jamais pensé si intensément —
Jusqu'à maintenant.

Car ta vie a basculé —
Pratique, basée sur des métriques, matérialiste.

Même la santé prend des raccourcis —
Une pilule pour la performance,
Pas pour la vie.
Des corps sculptés pour le show,
Pas pour la force.

Et on te dit :
Voilà à quoi ressemble la pertinence.
À quoi tu dois ressembler.
Parler.
Penser.
Être.

Jusqu'à ce que la tête qui parle s'effondre.
Les cavaliers galopent.
Une nation pourrit dans son chant.

Et quand tous sont forcés de penser pareil,
La figure d'exception se fait toujours abattre —
Ou, au bout du compte,
Il se suicide.

La grandeur offense les médiocres.
Alors on la muselle…
Sauf quand elle se glisse par le trou de serrure de l'empathie.

Bulles et anniversaires

Le flamant rose ballottait
Sous le saule à Brooklyn.

Garçonnets et fillettes alignés en rang,
Tandis que la machine à bulles tournait et agitait des sphères.

Chacune d'entre elles manquait d'éclater
En passant devant le visage des enfants.
Baguettes et brie cuisaient sur la table de pique-nique.
Les mères et les pères anticipaient,
Cherchant un moyen
De faire de cet anniversaire —
Un anniversaire formidable.

J'observais de loin.
La pente de la colline verdoyante
Formait un petit amphithéâtre autour de la scène

Les bulles flottaient jusqu'à moi.
Par moments, je les esquivais,
Tout comme la piñata qui se dérobait
Aux assauts du petit de trois ans.

Le bâton était plus grand
Que le plus grand des enfants.

La parade d'enfants réclamait
Le cœur de bonbons.
Et quand le dernier coup fendit le flamant,
Les joyaux de sucre se dispersèrent.

Les bulles éclataient sur les visages
Et s'emmêlaient dans les cheveux.

Une bulle dériva vers moi,
Plus lente que les autres,
Suspendue,
Comme si elle me défiait de souffler.

Mais elle ne voulait pas s'envoler.
Elle se posa près de moi,
S'agrippant au brin d'herbe le plus vert
Avant d'éclater.

J'ai souri et pensé —
Jusqu'à la prochaine piñata,
Jusqu'à la prochaine bulle,
Jusqu'au prochain anniversaire.

Et nous aussi

Il y a un arrêt étroit à Dumbo,
Le carrefour qui lève les yeux vers le Brooklyn Bridge.
Juste au coin du carrousel,
À l'extérieur des rues pavées.

Le soleil décline.
Les travailleurs du soir se mêlent aux touristes —
Ceux de Battery Park ou de Pékin,
Éparpillés comme des coccinelles polies,
Se disputant une place sur le ferry.

Bientôt, le guichetier scanne les billets.
Ruée vers le pont supérieur —
Places limitées, vues limitées,
Expériences limitées.
Les novices veulent tout absorber.
Les habitués veulent juste dormir.

Même le banquier déprimé connaît les horaires.
La couturière d'Astoria veut rentrer chez elle.
Une serveuse pense à son nouvel amant
Qui sort de Wall Street.

Le ferry reste une relique de l'aventure,
Un bref et si perdu en mer.
Mais les passagers se hâtent de s'asseoir,
De scroller sur leur téléphone, swiper à gauche,
S'extasier d'une vidéo qui danse,
Lire une phrase d'un article
Et juger que ça suffit,
Commenter avec un emoji,
Ajoutant au rouleau compresseur des médias de nouvelle génération.

Puis la corne retentit —
Le ferry fend l'eau
Comme un couteau dans une pastèque,
Écrasant l'écorce, répandant le jus.
On avance, quittant le tumulte de la terre
Pour l'abîme du fleuve.
Des rats sur le béton nous regardent passer.

Les vieux os de Domino Park,
La sucrerie devenue salle de sport,
Le vendeur de tacos qui salue —
Toute la journée, tous les jours,
Marketing gratuit comme l'horloge idiote
qui donne l'heure juste deux fois par jour,
Même si les aiguilles
Avancent toujours plus vite que le temps.

Et la fille qui m'accompagne —
J'ignore si elle restera.
Nos vies brouillent la romance.
Tout amour se sabote
En essayant de le comprendre.
Mais le ferry ne réfléchit pas,
L'eau monte comme
Elle l'a toujours fait.

Un black demande quel est le bâtiment devant nous.
« L'Empire State », je réponds.
Question facile, mais bonne à savoir.
Quatorze ans de loyer
Achètent le droit à la certitude.

Le ferry tangue,
La pluie tombe, les gouttes glissent de la tête aux pieds.
Tout est mouillé, rigide, inflexible,
Pourtant, on avance.
Un tube de brouillard translucide,
À une enseigne néon de l'ailleurs.
Mais non, on arrive à la 34e Rue.
La plupart débarquent.
Quelques-uns vont dans le Queens.
Nous aussi.

Le commutateur s'enclenche,
On quitte le quai encore.
Tout cela sous la surveillance attentive
D'un capitaine — ou d'un pilote
Qui s'appuie sur le système de navigation du jour.

Il fait la nuit maintenant.
La pluie s'arrête.
Aussi terne que les mouettes,
Le temps a passé de la même manière pour nous
Que pour les siècles précédents.
Soixante-dix ans si on a de la chance,
Mais la technologie transcende —
Comme l'amour,
ce que l'on croit naître avec nous
Alors qu'il existait avant
Et existera après.

La fille aux cheveux noirs —
Peut-être juste une autre cascade qui s'éteint.
Ou peut-être pas.
Nous n'avons pas décidé.
Pour l'instant, le moteur vrombit,
On navigue,
On s'embrasse parce que
C'est agréable sur un bateau.

Les lumières de la ville rallument l'ancienne merveille.
Elle ne sera jamais aussi nouvelle qu'elle l'est pour nous.
Alors on la garde ainsi.
Elle me garde à sa façon.
Je la garde à la mienne.

Astoria, enfin.
La traversée s'achève.
Et nous aussi.

Vis maintenant. Meurs plus tard.
De toute façon, ça arrivera.

Framboises sauvages

Tout ce que nous avons, ce sont nos histoires.
Préserve-les. Pare-les d'or.
Raconte-les à quiconque voudra écouter.
Car les histoires sont les framboises de la vie.

Ça ne suffira jamais,
Mais mieux vaut quelque chose que rien.

Du plâtre sur le visage

Quelle vie vide nous menons
Quand l'âme est dépouillée
Et nous est revendue
En fragments soigneusement choisis.

La performance éclaboussée
Comme une tragédie hors du corps,
La laideur du monde
Se reflétant sur des visages que nous admirions —
Ceux dont nous espérions
Qu'ils nous verraient,
Qu'ils nous parleraient
En regard, en son, en grâce.

Mais ils ne le font pas.
Ils ne l'ont jamais fait

C'est le chagrin —
Celui qui réduit ta valeur en poussière,
L'étale finement sur le visage de l'envie,
Comme du plâtre façonné par des mains
Dont personne ne se souvient.

Et pourtant, le chagrin, aussi cruel soit-il,
Libère parfois.

Même les esthétiques les plus populaires
Sont destinées à être combattues avec le temps.
La valeur s'infiltre par les fissures,
Jette un œil par le trou de serrure
De portes verrouillées par la classe dominante —
Qui se tient dedans comme un clan,
Décidant de ce qui se montre
Et de ce qui s'oublie.

Ce qu'il faut noter
N'est pas seulement la meurtrissure du rejet personnel —
Mais l'avertissement plus large.

La culture revient toujours en boucle.
Même la rébellion se vend,
Se réchauffe,
Se reconditionne —
Une révolution louée à l'heure.

Mais il en existe une autre :
Plus discrète, moins embellie.
Méritée.
Qui titube dans la tempête
Sans applaudissements.
C'est celle qui dure.

Nous ne serons pas les premiers.
Les rues ont une histoire.
Nous marchons aux côtés de noms.
Nous devenons ce qui a été avant nous.

Mais ne te décourage pas —
Même l'échec laisse une histoire.
Beaucoup traversent leur vie
Sans en avoir une.

Mais toi et moi —
Nous avons la nôtre.

Et si tu n'en as pas,
À quoi bon ?

Secoué par le sperme

Le sexe n'est pas un élixir.
C'est un éliminateur.
De grands hommes ont perdu leur grandeur.
Des femmes fortes, leur volonté

Le sexe est une évasion —
De l'endroit où nous étions avant.
On porte le poids de l'existence
Juste pour se distraire avec le désir.

Aucune force ne dissout le rêve de soi
Comme la quête de validation par le sexe.
Le peintre jure par lui.
Le poète le méprise.
Le comptable en dépend.

Ce n'est pas l'âme qu'on veut toucher —
Mais la chair.
On utilise le corps de l'autre pour remplir le nôtre,
On réduit le sien au plaisir,
Le nôtre à une preuve.

Et quelle vue.
Les pétales roses d'une femme,
Un voyage vers l'éternité.
Le joystick de l'homme vibrionne,
À l'intérieur comme à l'extérieur.

Quel ennui d'être lui.
Quel ennui d'être humain.

Autrefois, on était impénétrables.
Mais on ne peut pas vivre sans cela.
L'instinct.
Le sang.
Les hormones.
Un pot d'or.

Mais l'or est pour les imbéciles.
Et nous le sommes pour le sexe.
Pourtant — bordel, c'est bon.
Non ?

La séduction des sensations
Nous prive de notre courage.
Dernier refuge de l'ego —
Nos corps, étalés à disposition.

Même les plus intelligents,
Les plus riches,
Les plus idiots —
Nous tombons tous en proie
À la musique du corps.

La voix parle,
Mais on n'écoute pas.
On la laisse entrer.
Comme la misère d'un autre.

Jusqu'à l'orgasme.
Notre cerveau —
Secoué par le sperme.

Puis la clarté.
Comme avant.
Avant de jouir.
Avant le sexe.
C'est fini, maintenant.

Jusqu'à ce que l'insécurité revienne,
Qu'on appelle ça être excité,
Et qu'on remette ça.

Parce que si quelqu'un veut nous baiser —
Sûrement que ça veut dire quelque chose.
On pense que oui.
On espère que oui.

Mais ce n'est que la fusion.
La chaleur entre deux corps,
En attente du bang.

Mais souvent,
La vraie explosion —
Celle où tu te surprends toi-même —
Tu la rates.

Parce que tu préfères te faire baiser
Et souffrir
Plutôt que résister
Et créer.

Mais ne t'en fais pas.
C'est ainsi que la plupart finissent.
Loin de ce qui les excitait autrefois,
Et seulement plus proches
De quelqu'un
Qui a laissé derrière lui
Quelque chose de similaire.

Juste pour être touché.

Rien n'est aussi décisif que le présent —
Jusqu'à l'arrivée de demain.

Paysage éditorial dévasté

Une lettre.
Une lettre — répétée.
Un mot.
Un mot — répété.
Une phrase.
Une phrase — répétée.
Un paragraphe.
Un paragraphe — répété.
Une page.
Une page — répétée.
Une histoire.
Une histoire — répétée.

Gaspillé.
Jusqu'à ce qu'il ne reste rien.

Le rejet alimente la force
De prouver au monde qu'il a tort.

Il persiste

Peut-être que je suis l'un des derniers renégats.

Je fais le travail.
J'essaie de bien le faire.
Je reste assis dans ma propre boue de déni,
Me demandant si j'en suis capable,
Tout en sachant
Combien il serait facile d'abandonner.

Mais je n'abandonne pas.
Je n'arrête pas d'écrire —
Et si la phrase parfaite existait ?

L'angoisse que je ne te souhaite pas :
La marée de mes pensées,
Déjà vieilles quand elles partent,
Et pourtant d'autres arrivent, fraîches, neuves.

Alors j'écris sans relâche,
Terrifié à l'idée d'oublier,
Terrifié à l'idée de me souvenir.

Le pendule oscille :
Ce ne sera pas assez bien,
On doit pouvoir trouver mieux.

Pendant tout ce temps,
Je pourrais me détourner de l'épreuve.
On me répète que c'est sans importance.
« À quoi bon ? »
« Qu'est-ce que tu y gagnes ? »

Plus qu'ils ne le savent.
Plus que je ne le saurai jamais.

La moindre chose qui devient nôtre,
Même la mélodie la plus ténue reste noble.

Garde ce qui t'appartient.
Résiste à la tentation.

Ne t'engourdis pas
et ne deviens pas le reflet
Du statu quo.
Il y a déjà trop d'encre gaspillée dans le monde.
La plupart ont fini par baiser la bague.

Ceux qui ne sont pas renégats —
Trompeurs, aigris,
Ont parcouru les furlongs
De l'emprise de la capitulation.

Leurs esprits vendus.
Je ne sais pas où on les achète.
On ne m'en a offert qu'un.
Aucun capital ne pourrait me l'arracher.
C'est le seul truc dont je suis sûr
Qu'il ira dans la tombe.

Alors ne te contente pas de prendre.
Montre-nous ce que tu fabriques.
Construis-le pour que ce soit bien fait.
Fais-le. Fais-le. Fais-le quand même.

Les détails mineurs nous usent.
Le sens pèse plus lourd que les erreurs.
Ne te perds pas dans le conditionnement facile.

La rareté n'est pas l'existence.
C'est la façon dont tu façonnes ta quête.

Peut-être que tu vois la découverte de soi
Comme un gadget,
Une mise en scène de la vie,
Où l'université, les métriques et la philosophie se heurtent,
Maladroites comme les premiers gestes d'un enfant.

Et alors.
Continue de chercher.

Même quand la preuve est là,
D'autres refuseront de la voir.
Mais quand le renégat est ignoré,
Il sait qu'elle existe.

La joie du renégat est solitaire.
Preuve contre le système
Qu'il a brisé —
Et qu'il brise encore.

Accroche-toi à cette preuve.
C'est la seule chose qui nous reste.
Quel que soit ton fardeau,
Ce n'est pas toi qui es foutu,
C'est le refus du renégat.

Même les cow-boys ont été des héros un jour —
Des saints qu'on ne célèbre plus par des louanges.

Un chemin qui a brisé beaucoup d'hommes,
Un fardeau devenu malédiction,
Puis angoisse,
Puis privilège.

Une indépendance farouche
Trahie par la culture qui l'a enfantée,
Méprisée dans les souvenirs des pionniers.

Et nous avons oublié la gloire de la quête.
Car sans quête,
Il n'y a pas de volonté.
Et sans volonté,
Il n'y a pas de chant du cygne.

Il persiste.
Il persistera,
Même pour le dernier renégat.

Faut-il vendre notre âme
juste pour la racheter ?

Comment s'y prendre

Le cours du progrès
Se prend les pieds
Parce que les gens n'écoutent pas,
Ne lisent pas,
Refusent de suivre les consignes

Mais bien sûr. Invente tout.
Fais-le à ta façon.
Ignore les méthodes éprouvées

Pour une méthode bancale
Que tu viens de bricoler
Parce qu'elle te donne de l'autorité —
Une chance de réécrire les règles
Sans le moindre palmarès.

« Je n'ai pas compris. »
Évidemment.
Pas parce que ce n'était pas clair —
Mais parce que tu n'as pas pris la peine de regarder.

« Je pensais que tu voulais dire… »
Non. Tu n'as rien pensé.
Tu voulais ta version —
En balayant ce qui existait déjà.

« Je ne m'y prendrais pas comme ça. »
La roue est déjà inventée — pousse-la.
On t'a demandé de tourner la manivelle,
Pas de critiquer sa rotation.

« Je croyais que tu voulais de l'initiative. »
Non. Je ne t'ai pas demandé de réfléchir.
Je voulais de la précision.
Je voulais que le travail soit fait.

« Je vais le faire à ma façon. Tu comprendras. »
Merci pour ce gâchis.
Merci d'avoir ignoré quinze ans de perfectionnement,
Brique par brique,
Pour faire croire que ton raccourci était important.

Non, tes émotions ne cassent rien.
Non, tes raccourcis n'effacent rien.
Et non —
Même l'IA ne te sauvera pas.

Les directives étaient claires.
C'est toi qui ne l'étais pas.

La prochaine fois —
Lis mes putains de consignes.

Célébrité

Succès	→	Destr ction
Percée	→	Dest u tion
Persévérer	→	Des u ion
Faux pas	→	De u on
Construire	→	D u n
Chercher	→	D u n
Poursuivre	→	u

Ton visage public
n'est pas ta priorité intime.

Dévotion

On croit que la dévotion
Nous vaut le don
De l'accueil,
De la reconnaissance,
De la royauté.

Alors on se marie.
On fait des enfants.
On travaille vingt ans.
Et tout cela —
On le présente comme un rite de passage,
À travers une illusion amplifiée de sens.

Mais on n'a pas besoin de plus d'ordinaire.
On n'a pas besoin de dévotion
Aux conventions de la société.
Non.
Elles ont déjà pris assez
De notre temps,
De notre grâce,
De notre âme.

Un cimetière hurle de médiocrité —
Et on y passe de temps en temps
Pour se rappeler
Qu'on ne fait pas aussi mal qu'eux.
Qu'on a accompli davantage.

Mais est-ce davantage ?
Ou la même rediffusion,
Encore une fois —
Même intrigue,
Mêmes personnages —
Juste des visages différents,
Terrifiés par le regret inévitable de l'ordinaire.

J'ai vu un jour un homme plein de potentiel.
Aujourd'hui je vois une foule pleine de merde.
C'est la dévotion à la norme qui nous a rongés,
Comme un chien attaché dans un jardin clôturé —

Vaste, vallonné,
Libre d'explorer,
Mais coincé dans un coin
Où la terre se mêle à la boue.

Ce bâtard
Rêve de briser sa laisse.
Comme nous,
Encore et encore.
On ferait n'importe quoi
Pour saisir la vie
Qu'on jurait autrefois vouloir vivre.

Alors qu'ils aillent se faire foutre
S'ils remettent en question ta loyauté.
Cela n'a jamais compté de toute façon.
La tombe
Est l'endroit le plus silencieux pour les critiques.
Ils n'étaient vivants
Que lorsqu'ils nous convainquaient
Qu'ils étaient dévoués.

Elle est terrible… mais j'en veux encore.

Voler sans plumes

Les gens veulent être vus,
Mais influencer les masses reste un concept isolé.
Une vraie connexion ne pique-t-elle pas plus fort qu'une aiguille ?
Quand une brise fraîche hérisse les poils du bras.
Un frisson si brut qu'il laisse une cicatrice.
Un défaut si authentique qu'on peut l'embrasser.

Et quand tu trouves cette personne,
Le chaos du monde ralentit.
Les éclairs d'insuffisance disparaissent.
Le ciel et les visages rougeoient de feu,
Et le but se présente de lui-même.

Notre vie devient la leur à observer.
Ils traversent l'existence,
Avides que quelqu'un voie leur grandeur.
La profondeur de notre lien leur échappe.

Je vole.
Je vole pour toi.
Je vole sans plumes.

Plus vivant que la naissance

Rien ne vit
Quand c'est nettoyé.

Les traces sur nos visages
Effacées par l'attente.
Et une fois effacées,
On devient ce qu'on attend de nous —
Une vie formatée au moule
Qui étouffe la nature vibrante
De ce qui pourrait ou voudrait être.

On veut être utile,
Alors on obéit.
Mais on troque le désir —
Ce qu'on voulait disparaît.

Et dans les endroits délabrés du monde,
L'alcool,
Les drogues,
Les travailleurs du sexe —
Ils ne sombrent pas dans le désespoir.
Ils pourraient le dire.
Mais ils vivent dans la joie vibrante
De la liberté.
Du hasard et de l'émerveillement.
Du triomphe et de la déception.
De la brièveté et de la brûlure.

Comme des menteurs qui croient à leurs combines —
Parce que souvent ça rate,
Mais parfois
Ça marche.
Et quand ça marche,
C'est plus vivant que ta naissance.
Car même la naissance était attendue.

Mais les chances qui suivent ?
Tout dépend du destin.

La plupart de la vie n'a pas besoin d'explication,
Sa simple description suffit à notre raison.
Ainsi, le tumulte de la vie nous fait avancer,
Une turbulence pour laquelle on sue.

Où on apprend quelque chose de nouveau.
Où on rencontre quelqu'un de nouveau.
Là où on se transforme en quelque chose de nouveau.

À vous qui observez,
Depuis les endroits sûrs où vous vivez —
Vous êtes en sécurité là-bas.
Mais ce n'est que là-bas.
Ce ne sera jamais plus
Que ce pour quoi on l'a conçu.
C'est votre dernier refuge,
Fini.

Il n'y aura rien d'autre
Que la mort.
Et même elle
Sera
Attendue.

Cours, sauvage, cours.

Avoine d'acier

Sans vulgarité,
Comment l'homme docile
Pourrait-il renoncer au compromis
Pour se définir par la contradiction ?

Quand la ruine de la classe ouvrière
Se mue en rébellion spirituelle,
On apprend la vérité la plus cruelle —
La sécurité tue l'âme
Bien avant que la lutte ne le fasse.

Le sirop coule sur les côtés

Les hommes deviennent des dieux ou des démons.
La région pèse dans cette décision.

Certains connaissent des lieux où l'on empile des palettes pour quelques billets,
Jurent entre leurs dents,
Et ne parlent que de choses
Qu'ils peuvent réparer de leurs mains.

D'autres apprennent à encaisser des honoraires plus gras,
Jurent seulement dans leur tête,
Et ne parlent que de choses qui ne peuvent être réparées
Par le type qui empile les palettes.

Peu d'entre nous quittent un jour cette terre faite de
Suie, de sucre et d'alcool.
C'est là que l'on acquiert le rythme des tapis roulants
Et la compassion de l'épuisement.

À notre insu,
D'autres gamins calculaient des stats,
Avançaient dans la vie par calibrage métrique.

Même quand on frôle ce monde,
On ne peut se défaire de notre instinct —
La capacité à mesurer l'émotion.
On sait comment la colère traverse une pièce,
Comment le silence s'étire entre les phrases,
Comment l'amour peut ressembler à une porte claquée.

Ça laisse un homme perdu dans de nouveaux décors —
Tiraillé entre stabilité et autodestruction,
Coincé au carrefour de la convention et de la conviction.
La plupart vieillissent et regardent en arrière,
D'autres continuent d'avancer.

On porte volontairement ce poids.

Une friction entre ordre et chaos,
Entre ambition et effondrement.

Ça pue la vapeur du métro et les éloges funèbres trempés de pluie,
La sueur distillée en gorgées de syntaxe.

Chaque ligne semble méritée —
Payée au prix fort de la solitude nocturne.

Il existe une ligne fine
Entre le génie torturé
Et l'homme ordinaire torturé.
Les deux paient leurs factures,
Se torchent le cul,
Et prient de ne pas se foutre en l'air.

Rarement un homme porte à la fois sensibilité et intensité —
Poings meurtris, cœur meurtri,
Mais toujours en train de frapper.

On incarne le meilleur, le pire —
Autodidactes, auto-hantés, auto-conscients.

Ce que tu ne vois pas, c'est notre peur :
Cette poursuite de quelque chose
Qui nous échappe toujours —
La vérité, le sens, peut-être la rédemption.
Pourtant on vibre de cette quête —
À parts égales de rébellion et de renouveau,
À parts inégales de décadence et de défi.

Mais on ne pose pas, bordel.

On refuse votre jeu.
On vit le genre de vie
Que la plupart font semblant d'écrire.
À la fois hors-la-loi et philosophes.
On traverse le monde
Comme des hommes allergiques à la permission,
Injectant de l'honnêteté dans chaque décision
Jusqu'à ce que cela fasse juste assez mal.

Et ça tombe comme le sirop d'érable,
Sur le côté, en filet.
Rien d'admirable,
Mais suffisant pour rester en vie.

Et quand tu nous rencontres,
Tu le sens aussi —
La fumée, le courage, la faim, la douleur.

Preuve que tes métriques n'ont jamais pesé bien lourd —
Il reste des hommes qui mesurent la vie à l'aune de ce qu'ils ressentent,
Et non de ce qu'ils gagnent.

Ce n'est pas de l'art. C'est de la survie.
Le chaos ne nous a jamais quittés.
On a juste appris à le faire chanter.

Vers la vérité, pas la performance.
Vers la présence, pas les applaudissements.

Flingue

Même les balles se préparent
Avant de fuser dans le canon.

Un flingue donne.
Un flingue prend.

Tire.

Un goût de destruction
a le dosage parfait de disruption.

Gâteau sans glaçage

Arrêtons de nous vanter
De ce qu'on a acheté,
De ce qu'on a vu.
De ce qu'on a mangé, consommé.

Parlons plutôt
De ce que tu as créé,
Écrit, construit —
N'importe quoi d'autre que
Le malware qui dicte nos vies,
Un produit commercial,
Un alibi pour algorithme.

On sniffe l'info comme de la cocaïne,
Un shoot bâti sur des pubs,
Du marketing ciblé,
Des reprises recyclées —
Un processus manufacturé
De fausse supériorité.

Une meuf basique,
Un mec basique,
Un gilet gris estampillé
Du logo d'une banque.
Des chinos... putain, des chinos.
Des pantalons comme des sacs en papier
Aspirés sur des jambes maigres.

Quand est-on devenus
Aussi ternes, aussi prévisibles,
Assez arrogants pour ignorer
Qu'on est chiants ?

La sophistication a pourri
Notre curiosité.
Trop sûrs, trop prudents,
Trop fatigués pour même s'en soucier.
Mais personne n'en a conscience.

Une simulation pour followers,
Les adeptes du présent,
Les troubadours de la banalité.

Et il n'y a pas de glaçage sur leur gâteau.
C'est juste un gâteau —
Spongieux, peut-être,
Moelleux, jamais —
Tellement sec.

Mis en scène pour qu'on l'admire.

Si ça a l'air vrai,
Ça doit avoir le goût du vrai.
Mais non.
C'est le néant pour lequel on vit.
Une fabrication erronée,
Étalée sur notre flux en direct.

Je préfère faire mon propre gâteau,
À partir de zéro —
Et le manger en entier.

Pas toi ?

Ce pays, ce mouvement

À travers les câbles électriques du train,
L'Amérique se dévoile.

Les marais se mêlent aux rails,
Les ouvriers martèlent les boulons,
Les yeux des cols bleus s'assombrissent, observant
Les passagers filer à toute allure.

Il y a là un calme inhabituel,
Une vue distante du chaos quotidien.
Le temps ralentit
Alors que le train capture des images pour nous.

Les citadines ressemblent à des coccinelles,
Les 4x4 rampent comme des scarabées.
De plus en plus près,
Nous approchons —
Prêts à les écraser.
Mais ça n'arrive jamais.

Le viaduc les sauve à nouveau.

Terrains de foot. Grues. Appartements condamnés.
Stations-service délabrées. Arrière-cours jonchées de débris.
Métal sur ferraille,
Montagnes de sable,
Champs envahis de broussailles.
Oh regarde, un avion.

Au prochain arrêt, des gens s'assoient sur des bancs —
Merveilleuses conversations :
« Est-ce la bonne voie ? »
« Ai-je raté le train ? »
« Il doit avoir cinq minutes de retard. »

La vie attend.
La vie avance.
La vie suit son cours.

Et tandis que je roule, j'observe
La routine ordinaire, pointillée de voitures dans un parking —
Les mêmes entrées,
Les mêmes sorties,
Un tampon sur un ticket,
Une journée de plus.
Un rappel
De croire en demain.
Et j'y crois.
Je crois en ce paysage infini bâti sur la vertu.
À l'idée que si cela ne s'est pas produit,
Cela pourrait se produire.
Et tant que nous continuons d'avancer,
Cela pourrait se produire.

Dans la beauté mélancolique du possible,
Je crois en tous ceux qui sont là dehors.
Je crois en leurs espoirs et leurs peurs.

Je crois que ce pays est notre pays.

Le cœur ne peut pas se protéger de ce qui le touche.

Empire récalcitrant

New York est une bête,
Mais c'est à nous de la dompter.

Une ville de prises hostiles,
Qui te crache au visage,
Des coups fourrés qui te laissent en lambeaux —
Saignant, vidé.

À bout de forces,
Tu en redemandes.

Les rues sont jonchées
De ceux qui n'ont pas réussi.
Les publicités hurlent :
Ton visage pourrait y figurer,
Ton nom pourrait résonner.

Toi.
Tu peux réussir ici.
Tu peux réussir n'importe où.

Et si ça ne te convient pas,
Fous le camp.

Parce que les New-Yorkais —
Les arrivistes,
Les fonceurs, les agitateurs,
Les militants infatigables en quête —
Ils savent que la ville ne dort
Que pour ceux qui ont réussi.

Je sais que tu es réveillé.
Tu sais
Que tu ne peux pas encore dormir.

L'endurance du ruisseau
Dure tant
Que son rêve coule.

Les rampants de la nuit

À la périphérie de la ville,
De deux à cinq heures du matin,
La nuit rampe.

Parfois je marche à cette heure-là,
Pour faire une pause dans mes activités.
Je ne sais jamais pourquoi je veille si tard —
Mais ce n'est pas le sujet.

Je les vois.
Pas les privilégiés
Qui claquent leur fric en boîte,
Sèment le trouble.

Non.
Je parle des rampants de la nuit :
Les balayeurs,
Les éboueurs,
Les équipes du métro.

Une équipe soudée,
Liée par les gilets fluo,
Le savon et la mousse,
Les ordures rances,
Les lanternes et les yeux fatigués.

Les rampants font tourner la ville.
Aucun merci requis.
Mais quand je marche, j'essaie d'attraper leur regard.
Ils me zyeutent, un peu gênés,
Alors qu'ils n'ont aucune honte à avoir.
Comme des coureurs qui se croisent,
Je fais un signe de tête.

La rue exhale la vapeur des possibles.
Puis le matin se lève,
Efface leur travail,
La ville fait semblant d'être autonome.

Chacun vaque à sa journée.
Rien à remercier.
Rien à dire.

Tout est comme hier.
Tout comme les rampants l'ont fait.
Tout comme la nuit rampe.

Elle est le vent,
impossible à contrôler.

Burberry goddess eau de parfum

Quand tu rencontres quelqu'un
Qui te rend malheureux,
Qui te garde éveillé, à vif,
Et pourtant plus heureux que jamais,
Tu sais que c'est rare.
Tu sais que ça ne durera pas.
Mais tu paries quand même.

Parce que tu as vécu le *ça va* —
Et le *ça va,* c'est la mort.
Mieux vaut souffrir,
Mieux vaut se dévoiler,
Que se résigner.
Je n'étais pas en colère
Qu'elle me laisse l'embrasser sur la joue dans le métro —
J'étais triste.
Parce qu'hier, c'étaient ses lèvres.
Et je n'aurais jamais cru qu'une chose aussi bête, aussi banale,
Puisse compter autant.

Aucun plan ne te prépare
À la fin,
À ces instants minuscules
Qui durent le plus longtemps.
La raccompagner au train,
L'embrasser sur la joue,
Lui dire au revoir —
C'était un privilège.

Sa force n'a jamais faibli —
Façonnée par chaque cicatrice,
Elle a grandi de chaque échec.
Je l'enviais.
Elle était une célébration,
Le genre d'amour qui te détruit.

La vie d'un homme est ruinée sans elle.
La vie d'un homme est ruinée avec elle.
La vie d'un homme est ruinée par l'amour.

Autrefois,
Je rêvais de matins avec du café et des œufs,
De promenades automnales avec le chien,
D'après-midis qui glissaient vers la lumière d'hiver.
De regards simples.
Encore un.
Puis un autre.
Puis un autre.

Mais le cœur se brise.
Cet organe têtu —
Qui donne la vie au corps,
S'effondre sous son propre vide.
Aucune logique ne l'explique.
Aucune certitude ne le sauve.
Rien n'est garanti.
Tout est à perdre.
Elle mérite quelqu'un de formidable.
Alors je dois le devenir.

Même si son fantôme persiste,
Un parfum marque un homme.

Je me souviendrai d'elle par Burberry.

Ils ne remplissent pas la coupe de la culture.
Ils en boivent une gorgée, puis crachent leur critique.
Consumérisme, corruption, attention à deux balles —
Voilà leur héritage.

L'infini, la première fois

Et on change.
C'est difficile à accepter —
Pas le changement en soi,

Mais l'envie de suivre le rythme,
Le désir de conserver une identité.
Mais l'identité se réinvente.
Elle oscille au gré du climat,
Des gens,
Des lieux.

On aspire au réconfort,
Mais on prend racine dans le chaos —
Condamnés par la vertu de la ville,
Austère comme la pierre.

Parfois le désir devient réalité,
Et le désespoir fissure l'instant —
Plus que tu ne peux supporter.
Le flot d'émotions trop longtemps contenu —
Se déverse,
Déborde,
T'effraie par son déluge.

Tu n'y es pas habitué.
Il n'y a rien à faire.
C'est la première fois —
Jusqu'à la prochaine fois —
Que tu touches l'infini.

Soupe alphabet

Actions anarchistes annihilent ardeurs audacieuses autour arrogance.

Business blingbling bordel bénéficie bourgeois bedonnants.

Chaos contrôle clivages cruels.

Doubles délibérés détruisent destins définis.

Excentriques excavent évasions extravagantes.

Futilités frivoles foirent, formats fantastiques fabriquent faux, foutus fantasmes.

Géants grotesques gravissent grandiosement Golgotha gravillonné.

Hystérie humaine harcèle horizons hagards.

Inspire idiots, ignore ignares intérieurement.

Jets juxtaposés jaillissent justement.

Karma kinétique kidnappé.

Lamentations lentes labourent lieux lugubres.

Mauvais magnétisent, maladresses multipliées méchamment — miroir manifestations médiatiques maigres, mollassonnes.

Nuisances nulles négligent nécessité naturelle, nomades néandertaliens.

Oppression obscène obsède opposants obstinés.

Poussées persistantes pressurent péricarde.

Questionnements querelleurs qualifient quiconque.

Riches rivaux refusent rarement remontrances raisonnables.

Solutions solubles succombent soudainement.

Tumulte trottine tièdement, traînant terribles thèses.

Univers urbains usent utopies.

Valeurs vexent voix vulnérables vainement.

Week-end wasabi whisky.

Xerox X xénophiles.

Yeux yoyottent, yoyo yankee.

Zoos zinzins, zygotes zigzaguent.

Toutes les petites combines pour économiser
ne valent jamais le temps perdu à les chercher.
Paie.
Pour.
La simplicité.

Je me tiens debout

Abattez-moi.
Trompez-moi.
Faites-moi trébucher.
Je me tiendrai debout.

Des années de concentration.
Des années d'effort.
Des années d'échec.
Je me tiendrai debout.

Dans la foule.
Hors de la foule.
Seul avec le silence.
Je me tiendrai debout.

Mis en doute.
Doutant de moi-même.
Perdu dans le doute.
Je me tiendrai debout.

Mes jambes plient sous le poids,
Mon esprit s'épuise, s'engourdit.
Je murmure — je ne peux plus me tenir debout.

Déprimé.
Dépouillé.
Humilié.
Vaincu.

Je m'accroupis, m'effondre — presque éteint.
Mais je me relève.
Je me tiens debout.

Reconstruire.
Renaître.
S'élever.

Je dois tenir debout.
Pas parce qu'on me l'ordonne.
Pas parce que je fais semblant.
Mais parce que le miroir ne laisse aucun choix.

Les autres disent : assieds-toi.
Non.
Je me tiens debout.

Parce que j'ose.
Parce que ma vie m'appartient.
Parce que s'asseoir ne sert à rien.

Je me tiens debout pour moi.
Je me tiens debout pour toi.
Je me tiens debout.

Sonder le fou

Les gens prétendent vouloir l'autorité,
mais confie-leur le poids du choix,
Et ils s'appuient sur la permission d'autrui —
Logiciels, systèmes,
Ou les figures de pouvoir.

Fuir la responsabilité
N'est pas une raison,
Même si d'autres appellent cela un repli.

La plupart ne supportent pas de passer pour un idiot.
Le blâme les terrifie.
Ils l'esquivent,
Comme la foudre esquive le sol,
Ils déplacent la faute plus vite que la pensée,
Feignant de regretter leurs actes.

Mais au fond —
Ils sont soulagés.
Soulagés d'abandonner l'intention.
Soulagés de rester invisibles.

Dans cet abandon,
La plupart vivent sans intégrité,
Laissent filer l'occasion
De faire quelque chose de leur vie,
Tout cela par pure peur
De leur propre vanité —
Une phobie de l'exposition.

La lâcheté la plus cruelle.
Les cœurs faibles,
Craignant leur propre réveil.

As-tu du feu dans le cœur,
Ou de la fumée dans la tête ?

Nous n'avons laissé aucune relique

Aucune relique ne survit par simple existence.
Nous sommes devenus gadgets et critiques — consommant, consommant, consommant.
Nous nous accrochons à notre vision des choses, nous complaisons dans l'espace entre
Ce que nous croyons représenter
Et ce que nous ne sommes pas.

Nous voulons désespérément qu'on nous écoute —
Qu'on nous donne raison,
Même quand nous ne savons pas
Ce que nous attendons de nous-mêmes.

Notre retenue n'est pas une force.
C'est de l'obéissance.
Et pour cela, nous réclamons une récompense.
Quand elle ne vient pas, nous cherchons vengeance —
Pour des raisons que nous avons déjà oubliées,
Des raisons qui, il y a longtemps, nous ont volé notre identité.

Notre âme se satisfait du prix, du commentaire, du like.
Nous devenons des versions rétrécies de nous-mêmes.
Totalement desséchées.
Nous ratons ce que nous pensions juste
Et nous durcissons dans une importance factice —
Indignés que ce qui est soit forcément juste,
Même quand nous retombons dans d'anciennes théories,
Et retrouvons l'éclat de la vérité.

Même cette vérité peut remuer un tas de faits,
Chacun revenant vers le présent essentiel —
Non par soumission, mais par appréhension.
Les morceaux de nos vies s'alignent dans un ordre forcé
Qui refuse le chaos.

Or c'est pour une forme de chaos qu'il faut vivre.

Sinon, comment entrouvrir l'esprit
À quelque chose de nouveau, vierge, inexploré,
Non trahi — inconnu même des fibres fondamentales
Du sang, des veines, du cœur
Qui bat encore pour ce dont nous avons besoin.

Et nous n'avons pas besoin de le nommer.
Nous n'avons pas besoin de le savoir.
Nous n'en avons pas besoin.
Nous n'avons pas besoin de toutes ces choses
Dont nous espérons qu'elles feront spontanément bouger les choses.

Nous avons juste besoin d'un esprit qui cherche —
Plus de croissance,
Plus d'expérience,
La liberté immuable d'une insouciance
Qui nous rendait autrefois optimiste —
Non pour l'avenir,
Mais pour le présent.
Pour le moment.
Et pour tout ce qui nous a précédés.

Avec un flux constant de désir,
Nous pouvons paraître invivables
Au reste du monde.

Mais peut-être est-ce le but.
Vivre si intensément que nous ne laissons aucune relique —
Seulement des rumeurs.
Disparaître non pas à cause d'un échec,
Mais pour avoir brûlé trop fort pour être archivés.

Car l'avenir ne se souvient pas de ce qui a simplement survécu.
Il se souvient seulement de ce qui a osé être.

La vie sèche
Aussi vite que la peinture murale,
Et avance
Aussi lentement qu'un escalator.

Prise pour un battement de cœur

Cela semble suspect
De rencontrer quelqu'un
Dont le passé est trop proche du sien.

Les imposteurs s'imposent
À la vulnérabilité brute de l'âme,
Tissée du vertige de l'unité.
Rien ne paraît plus fort.

Les points de pression pincent
Avec une détermination féroce.
Un cri fugace
Foudroie l'esprit.

Une illusion balayée par le vent
Provoque la douleur de la solitude —
Jusqu'à ce que la vague s'écrase,
Agitée par un esprit turbulent,
Prise pour un battement de cœur.

Une tragédie vivante,
Partie à nouveau —
Retour à la solitude.

Plus jamais.

Écris comme un damné

Tu écris mieux
Quand tu arrêtes de te censurer.

Alors vis un peu.
Étudie l'expérience.
Trouve ton rythme.
Affûte ton art.

Et quand ça ne ressemble plus à du travail,
Dis tout ce que tu veux, putain.

Le clairon brutal

Quand le renoncement de la vie pince sa corde,
On joue l'air de la brutalité.
Aucune autre mélodie ne convient.

Les filtres tombent ;
Le clairon du ressentiment retentit.
Le moineau de la discorde chante.

On est malheureux avec soi-même.
On est malheureux avec les autres.
On est malheureux ensemble.

Et pourtant on chante à l'unisson —
Une harmonie de moqueries,
Un chœur de murmures derrière le dos.

Car rien ne fait plus mal
Que de voir son propre reflet —
Et de le trouver insupportable.

La compagnie des jeunes

Je m'entoure de la compagnie des jeunes
Pour oublier ma fragilité.
Vieillir ne me fait pas peur ;
Ce sont les effets de l'âge qui m'inquiètent.
J'ai peur d'oublier ce que c'est que d'être frais.
Alors je m'entoure de jeunes.

Ils ne sont pas paralysés par l'inquiétude.
Leur âme est animée par l'ambition.
Ils n'ont pas encore été assez déçus pour ressentir la culpabilité.
Il existe une communauté inerte,
Et eux flottent avec la fluidité des nuages —
À côté du bleu vif,
Volutes blanches d'une innocence pure.

J'approche la quarantaine.
Mes cheveux sont clairsemés.
Merde, je sais que je vais bientôt les perdre.
Mon ventre s'élargit plus vite qu'avant ;
La gueule de bois dure plus d'une journée —
Mais rien de tout cela ne traverse l'esprit des jeunes.

Même s'ils plaisantent sur mon âge,
Même si j'ai l'air d'un type louche
Qui a besoin de grandir,
Ils savent que c'est différent.
Ils le voient dans mes yeux —
Le délire intrépide d'un homme qui persévère,
Refusant de laisser le monde l'atteindre.

Quand je vois le changement dans leurs regards —
Souvent quand je m'y attends le moins —
Quand le renoncement l'emporte sur le combat,
Quand les gueulards cessent de gueuler —
C'est là que je dois trouver une nouvelle compagnie.
Je ne peux pas être entouré d'autre chose.
Je ne peux pas.
Je ne peux tout simplement pas.

Je serai toujours entouré de jeunes.
Je vis de leur ferveur pour le chaos.
Je m'efforce d'être plus calculateur,
Car même avec ma sagesse,
Je me laisse encore emporter par leur indiscipline —
Dont leur naïveté les excuse.
Parfois, même quand je sais
Que je devrais me plier aux règles de la société,
Je me trompe moi-même — voulant éprouver
À nouveau un sentiment d'invincibilité.

Je me laisse y croire.
Sinon, il ne resterait pas grand-chose.
Je deviendrais comme ceux qui regardent en arrière,
Qui décident que cette époque est révolue.
Nostalgiques.
Tu ne voudrais pas être là si ça arrivait.
Tu ne supporterais pas la vue de mes yeux les plus tristes.

Alors je m'accroche.
Le frisson de la découverte l'emporte
Sur l'atteinte de la destination finale.
Et c'est pour ça que je me retrouve
En compagnie de jeunes.

L'histoire ne s'arrête jamais.

L'enfer dans son sang

Je n'ai pas été amoureux récemment.

Peut-être que j'ai épuisé tout mon amour.
Trop de femmes.
Je ne suis plus aussi épris qu'avant —
Quand les flammes du désir m'incendiaient le ventre.

Ma passion me semble désormais superficielle —
Plus vieille que les années où je la jetais sans compter.
Cette insouciance me manque.
Je la retrouverais si je le pouvais.

Peut-être suis-je dans une période d'attente.
L'attente est un fardeau,
Mais c'est la seule façon d'évaluer les options.

Les intervalles entre les moments
Se transforment en souvenirs —
Ce que j'avais autrefois,
Ce que j'ai perdu,
Ce que je pourrais retrouver.

Je continue de flirter.
Les jeunes filles sont insouciantes —
L'enfer dans le sang,
Plus chaudes qu'un diable au paradis.

Mais cela ne m'excite plus autant.
Peut-être parce que je sais déjà
Ce qui arrive avec le temps
À leur récolte.

Au début, elles sont comme le maïs dans sa cosse,
Blanc doré qui vire au jaune,
Vibrantes, rayonnantes.

Une fois cueillies, l'énergie s'éteint.
La routine s'infiltre.
Le maïs brunit,
Devient cassant,
Barbant.

C'est là que je le jette.
Je n'en veux plus —
Et elles non plus.

Alors j'attends.
La saison suivante arrive,
Que je le veuille ou non.

J'attends toujours.

Une forme de chaos

L'été avait été morne.
Toujours la même chose.
Puis vint une rencontre fortuite.

Elle était plus jeune —
Quinze ans de moins que moi.
Mais j'étais un vieux gant de baseball —
Usé, rugueux,
Prêt pour un nouveau lancer.

J'en avais besoin.
Elle en avait besoin.
On ne l'a compris qu'en le ressentant.

Un esprit engourdi
A toujours besoin d'une bonne baise.

Sans cela,
Le cerveau n'est qu'un circuit déconnecté —
De l'électricité en attente d'une lampe.

Toujours à chercher quelque chose.
Toujours à vouloir être allumé.

Le poids de la vie coule
Dans des courants de nostalgie.
Alors quand une étincelle survient,
Fais éclater l'ampoule —
Ce qu'on cherche, c'est le fer à l'intérieur,
Pas l'illumination.

On a baisé.
On a enfreint les règles.
Elle criait pour en avoir,
Encore et encore.
C'est la douleur du plaisir.
C'est la décharge de libération.
C'est la rupture du mouvement.

Le sexe — comme la drogue —
Nous plonge dans une crise d'identité.

De temps en temps, il faut un peu de vice.
Le désir charnel nous rappelle notre humanité.
Un esprit ouvert à contre-courant —
Il montre la personne qu'on est… et qu'on n'est pas.
Et peut-être que cela signifie
Qu'on peut être quelqu'un d'autre.

Parce que si tu ne te nourris pas,
Tu meurs de faim à cause
De la privation,
Du rejet,
Ou d'une bite morte.

On n'a pas crevé de faim.
On ne s'est pas défendus.
On a recommencé.
Cette fois plus lentement.

La trique, tendue vers l'avenir.
Sa gorge — riche comme un delta.
Et le roc a glissé
Dans le ruissellement de son sable.
C'était de la soie —
Une coulée d'euphorie.
Et nos corps palpitaient
Un peu plus fort,
Un peu plus chaud,
Un peu plus vif,
Jusqu'à ce que le roc
Se désagrège
En
Boue.

Puis on est restés étendus là —
À travers les plaines.
Tout était redevenu normal,
Jusqu'à ce qu'on y pense trop.
Mais pour l'instant, on n'y pense pas.
Pourquoi gâcher
Une forme de chaos ?

La plupart des gens avancent sans regarder
et s'étonnent d'avoir un accident.

Photo: Sasha Kay

L'auteur

Joseph Adam Lee est un poète et écrivain franco-américain originaire de Lewiston, dans le Maine, où la fumée des usines et la lumière du fleuve lui ont appris le rythme de la poésie. Chaque vers porte la trace du vécu, sans excuses, vibrant d'une interrogation constante de soi. Son œuvre dresse le portrait d'un homme aux prises avec le sens dans une ère de performance.

Il vit à New York.

Contact

Email : joe@therebelwithin.com
Site web : www.josephadamlee.com
Instagram : @joseph.adam.lee

Lettres & Colis

Red Fox Runs Press
C/O Joseph Adam Lee
909 3rd Avenue
#127
New York, New York 10150

www.ingramcontent.com/pod-product-compliance
Lightning Source LLC
LaVergne TN
LVHW091135080826
845145LV00008B/2157

* 9 7 8 1 9 7 1 1 8 7 0 2 0 *